Sonja Weichand

Geschichte im Drama

Sonja Weichand

Geschichte im Drama

Eine Annäherung anhand von Bertolt Brechts „Der aufhaltsame Aufstieg des Arturo Ui“

Tectum Verlag

Sonja Weichand

Geschichte im Drama.
Eine Annäherung anhand von Bertolt Brechts „Der aufhaltsame Aufstieg des Arturo Ui“

ISBN: 978-3-8288-2462-1

Umschlagabbildung: © Phototom | Fotolia.com
Umschlaggestaltung: Heike Amthor | Tectum Verlag

Besuchen Sie uns im Internet
www.tectum-verlag.de

Bibliografische Informationen der Deutschen Nationalbibliothek
Die Deutsche Nationalbibliothek verzeichnet diese Publikation in der Deutschen Nationalbibliografie; detaillierte bibliografische Angaben sind im Internet über http://dnb.ddb.de abrufbar.

Inhaltsverzeichnis

1. Einleitung: Geschichte auf der Bühne

In der Inszenierung von Bertolt Brechts „Aufhaltsamen Aufstieg des Arturo Ui" im November 2008 in der Kongresshalle, die die Nationalsozialisten in Nürnberg erbauen ließen, versuchte das Staatstheater Geschichte auf die Bühne zu holen und zugleich den Blick des Zuschauers von den historischen Tatsachen auf allgemeine Prozesse zu lenken. Bis auf die letzte Szene der Inszenierung entschloss sich Regisseur Klaus Kusenberg, den Aufstieg vollständig „modellhaft" und „übertragbar auch auf andere historische Situationen"[1] wirken zu lassen, um ihn schließlich durch die Rede Uis in der Uniform Hitlers und unter tosendem Applaus seiner Gangsterclique in SS-Uniform doch als den speziellen Fall des Aufstiegs Adolf Hitlers zum Diktator zu zeigen. Der modellhafte Charakter wird dabei vor allem durch die Weglassung der für Brecht typischen Zwischentexte erreicht, die Kusenberg in einer früheren Inszenierung am Jugendtheater in Düsseldorf noch für „(sozusagen pädagogisch) [...] sehr sinnvoll"[2] hielt. Seiner Meinung nach sind die Ereignisse des Aufstiegs mittlerweile so gut aus Schule und Fernsehen bekannt, dass es dieser Belehrung nicht mehr bedurfte. Es ist allerdings anzuzweifeln, ob die zahlreichen Besucher der Nürnberger Aufführung alle Experten in Fragen des Osthilfeskandals sind. Außerdem sind die Zwischentafeln, auf die später noch detaillierter eingegangen werden soll, auch als Hinweis auf die persönliche Gewichtung von historischen Fakten durch Brecht unerlässlich. „Arturo Ui" ist keine objektive Sicht auf die Ereignisse der Jahre vor 1933, sondern es ist die Sicht des Kommunisten Brecht. Der Schluss der Nürnberger Aufführung scheint allerdings gerechtfertigt, wenn Kusenberg die Verwendung von Uniformen wie folgt erklärt: „[A]ls Information braucht man sie ganz und gar nicht, nur als Erlebnis".[3] Er sieht die Inszenierung nur möglich im Rahmen des speziellen Aufführungsortes, da sie an anderer Stelle kaum ähnlich gewirkt hätte. Und das Gefühl, das den Zuschauer in der letzten Szene überkommt, wenn er von Uniformierten umringt, nicht mehr weiß, ob er mitklatschen oder entsetzt beobachten soll, gibt ihm recht.

Insgesamt wirkt das Stück unter Kusenbergs Regie relativ düster – was dieser damit begründet, dass es heutzutage kein großer Schritt mehr sei,

---

1 Email des Regisseurs Klaus Kusenberg an die Verfasserin, 24.11.2008.
2 Ebenda.
3 Ebenda.

eine Hitler-Parodie auf die Bühne zu bringen, dass dies aber in der Entstehungszeit die „große Leistung des Stückes“[4] gewesen sei. Interessanterweise hat der Hauptdarsteller Thomas Klenk zwar Aufnahmen von Reden Hitlers gesehen, aber laut Kusenberg eher, um „Hitler-Gesten in seinem Spiel zu vermeiden“.[5] Sieht man einmal von der Schlussszene ab, in der die Vermeidung wohl kaum das Ziel gewesen sein kann, ist dies Klenk jedoch größtenteils nicht gelungen. Aber als Ui wird seine Rolle eben vor allem dort interessant, wo sie es schafft, den Bogen zwischen Andeutung und Abstraktion zu ziehen und gleichzeitig lächerlich zu wirken. An vielen Stellen der Nürnberger Inszenierung gelingt dies ausgezeichnet, aber Brecht selbst hätte sicherlich den Erlebnischarakter der letzten Szene ganz vermieden oder zumindest dramatisch gebrochen durch seine Verfremdungstechnik. Dass es Geschichte in dieser Aufführung nur dort auf die Bühne schafft, wo sie ein Miterleben suggeriert, ist nicht nur eine Aussage über die Ui-Auffassung des Nürnberger Ensembles. Man muss sich die Frage stellen, ob nicht alle Darstellung von historischen Ereignissen dazu neigt, den Leser von der angeblichen Warte der Objektivität herab in die subjektive Erfahrungswelt des Autors zu leiten. Wenn man das aber als Faktum annimmt, so nähert sich auch die Geschichtsschreibung unweigerlich literarischen Konzepten an und Historie und Dramatik erscheinen nur noch als zwei Seiten der einen Medaille.

---

4 Email des Regisseurs Klaus Kusenberg an die Verfasserin, 24.11.2008.

5 Ebenda.

2. Erzählte Geschichte – die Grenzen der Objektivität?

Noch bis vor wenigen Jahrzehnten galt die (Geschichts-)Wissenschaft als Inbegriff der Objektivität und war somit klar abgegrenzt vom Bereich der Kunst. Aufgabe des Historikers war es, vergangene Ereignisse aufzuspüren und wiederzugeben. Es stand weder in Frage, inwieweit dieser Historiker als Autor eines gestalteten Textes gelten musste, noch ob die Annahme der Existenz von historischen – sogenannten „harten“ – Tatsachen überhaupt als gegeben betrachtet werden darf.
Im Folgenden werde ich darstellen, wie die Erkenntnis des narrativen Charakters der Geschichtsschreibung immer mehr Bedeutung für die Forschung erlangte und es schließlich zum ‚literary turn' kommen konnte: der Erkenntnis der Postmoderne von der literarischen Text- und Sinnproduktion, die Wirklichkeitserfahrungen vermitteln will. Besondere Bedeutung hatte dabei die Abkehr vom Empirismus der Feldforschung, denn schon mit dem ‚reflexive turn', einer Rückwendung der Reflexion auf die eigenen Texte, galt objektive Repräsentierbarkeit nicht mehr als Selbstverständlichkeit. Verbunden war dies mit der Infragestellung der Beziehung von Zeichen und Bezeichnetem im Poststrukturalismus.[6] Der ‚literary turn' soll in der hier nachgezeichneten Entwicklung der Geschichtsschreibung im Mittelpunkt stehen, deshalb werden die Theorien einzelner Geschichtsphilosophen und Sprachtheoretiker, die sich mit der Darstellung von Vergangenem beschäftigen, besonders dahingehend untersucht.

2.1.1 In der Moderne

Obwohl die Unterscheidung einzelner Epochen der Literaturgeschichte problematisch scheint, sind sich die meisten Literaturwissenschaftler darüber einig, den Zeitraum vom Ende des 18. Jahrhunderts bis ins angehende 20. Jahrhundert mit dem Begriff der literarischen Moderne zu beschreiben.[7] Somit fällt er zusammen mit der Definition der Moderne als Epoche der Geschichts-wissenschaft. Orientiert an meiner Problem-

6 Vgl. Bachmann-Medick, Doris: Cultural turns. Neuorientierungen in den Kulturwissenschaften. Reinbeck bei Hamburg 2006, S. 144 f.

7 Vietta, Silvio: Die literarische Moderne. Eine problemgeschichtliche Darstellung der deutsch-sprachigen Literatur von Hölderlin bis Thomas Bernhard. Stuttgart 1992. 17- 37.

behandlung, werde ich ,die Moderne' als Begriff für die aus geschichtlichen Vorgängen erwachsenen, literarischen oder wissenschaftstheoretischen Ansätze ab dem Ende des 18. Jahrhunderts verwenden. Also im Sinne einer aus der Aufklärung entstandenen „Vorstellung von Geschichte als dem Prozess, in dem die Menschheit sich durch systematische Entfaltung ihrer geistigen Fähigkeiten in der Wissenschaft von dem ,blinden Zwang' befreit, den Natur und Technik auf sie ausüben."[8] Gleichzeitig möchte ich herausstellen, dass in dieser Zeit „nicht nur [der] Erkenntniszerfall, sondern auch [ein] Problembewusstsein"[9] für Erkenntnisgrenzen einsetzt, die beide ihren Ursprung in geschichtlichen Vorgängen haben, sich aber erst in den neuen Wissenschaftsmethodologien dokumentieren.

2.1.1.1 Historismus bei Leopold Ranke und Johann Gustav Droysen

In der weiten Zeitspanne der Moderne lässt sich „*eine* Konstante [...] im Phänomen eines weit gefassten ' Historismus ' – im Sinne einer Historisierung allen Wissens"[10] sehen. Der Begriff des ,Historismus' selbst ist sehr vielschichtig[11]. Ich möchte ihn aber für diese Arbeit als die geschichtswissenschaftliche Richtung eingrenzen, welche besonders ab der Mitte des 19. Jahrhunderts an Stärke gewann und geprägt war durch die folgenden Kennzeichen: „[E]ine bestimmte Stellung zum Objektivismus-Subjektivismus-Problem, die durchgehende Einordnung aller geschichtlichen Größen in umfassende Zusammenhänge, die Vorstellung durchgängiger Entwicklung und die Beschränkung der Geschichte auf die Welt der Immanenz."[12] Für die Geschichtswissenschaft eröffnet sich dabei zum ersten Mal das Problem der „Diskrepanz zwischen dem Willen zur großen Erzählung von in sich geschlossenen Epochen auf der einen Sei-

---

8 Lorenz, Chris: Konstruktion der Vergangenheit. Eine Einführung in die Geschichtstheorie. In: Beiträge zur Geschichtskultur, Band 13, hg. v. Jörn Rüsen, Köln 1997, S.154.

9 Vietta: Literarische Moderne, S. 9.

10 Tausch, Harald: Einleitung. In: Literatura, Wissenschaftliche Beiträge zur Moderne und ihrer Geschichte, Band 1: Historismus und Moderne, hg. von Harald Tausch,Würzburg 1996, S. 7.

11 Vgl. Heussi, Karl: Die Krisis des Historismus. Tübingen 1932. S. 1-21.

12 Vgl. Heussi, Karl: Die Krisis des Historismus. Tübingen 1932. S. 20.

te und dem Anspruch auf kritisch überprüfbare Gültigkeit der Aussagen auf der anderen".[13]

Ein Problem, das bis in die heutige Diskursanalyse weiterwirkt.
Als beispielhafte Vertreter für den Historismus wähle ich die Historiker Leopold von Ranke und Gustav Droysen, deren Methodologien von vielen Wissenschaftlern und Philosophen noch bis in unsere Zeit kontrovers diskutiert werden.
Leopold von Ranke war Historiker und Historiograph für den preußischen Staat unter König Friedrich Wilhelm IV.. Sein Ausspruch, er wolle, „blos zeigen, wie es eigentlich gewesen"[14] ist, aus dem Vorwort zu den „Geschichten romanischer und germanischer Völker", ist in die Geschichtstheorie eingegangen als der Hauptkritikpunkt zahlreicher späterer Theoretiker. Rankes Glaube daran, dass die Geschichte an sich bereits vorhanden sei, der Historiker sie nur aufspüren müsse, beziehungsweise die Aufgabe habe, sie gleich einer Schriftrolle (!) „aufzurollen"[15], ist das historismus-typische Verständnis des Geschichtswissenschaftlers. Überlegungen zur willkürlichen Auswahl des wissenschaftlichen Objekts durch den Forscher werden zur Mitte des 19. Jahrhunderts noch nicht angestellt, daher sieht Ranke die Aufgabe der Wissenschaft darin, sich „an das Objekt [...] zu halten".[16] Allerdings ist er sich seiner eigenen Tätigkeit bewusst, denn er formuliert als Ziel der Geschichtsschreibung „die Geschichte zur Einheit zu fassen."[17] Die Einheit der Erzählung ist also nicht gegeben, sondern wird vom Autor gesetzt. Strukturiert wird sie alleine durch den Willen des Verfassers und dessen Aussageabsicht: „Die Absicht eines Historikers hängt von seiner Ansicht ab."[18] Ranke sieht den Wert der Historie für die Gegenwart in ihrer von allen Zeiten unabhängigen Existenz, er unterstellt ihr also ein deutungsunabhängiges An-sich-Sein: „„...jede Epoche ist unmittelbar zu Gott, und ihr Wert beruht

13 Tausch: Einleitung. In: Literatura, S. 9.
14 Ranke, Leopold v.: Geschichten der romanischen und germanischen Völker von 1494 bis 1514. Leipzig 1885, S. 7.
15 Ranke, Leopold v.: Über die Epochen der neueren Geschichte. Vorträge dem Könige Maximilian II. von Bayern, im Herbst 1854 zu Berchtesgaden gehalten. Leipzig 1906, S. 18.
16 Ranke: Über die Epochen der neueren Geschichte, S. 19.
17 Ebenda, S. 21.
18 Ranke: Geschichten der romanischen und germanischen Völker, S. 5.

gar nicht auf dem, was aus ihr hervorgeht, sondern in ihrer Existenz selbst.“[19]

So entsteht auch kein Überschneidungsproblem zwischen Literatur- und Geschichtswissenschaft, denn Ranke sieht die Darstellung der Geschichte beschränkt durch die gegebenen Tatsachen, während in der Literatur „freie Entfaltung“[20] möglich sei.

Johann Gustav Droysen, der sich ebenfalls in der Mitte des 19. Jahrhunderts mit der Geschichtstheorie befasste, ist den Überlegungen Rankes in einigen Punkten bereits voraus. Gemeinsam ist beiden zunächst der Glaube an eine tatsächliche, vor-interpretationale Existenz der Vergangenheit, denn er sagt, die Darstellung der Geschichte müsse „den Verlauf der Dinge, wie er in Wirklichkeit war“[21] wiedergeben. Aber Droysen erkennt viel mehr als Ranke den schaffenden Charakter des Historikers an, indem er die Aufgabe der Geschichtsschreiber darin definiert, die Erzählung unter einen „Gedankenkomplex“[22] zu fassen, auch wenn er diese weiterführenden Überlegungen mit folgendem Satz wieder einschränkt: „[W]ahr ist ein Gedanke, dem ein Sein entspricht, und wahr ein Sein, wenn es dem Gedanken entspricht“. Sein Bewusstsein für die Tätigkeit des Auswählens von Fakten ist jedoch in jedem Falle fortschrittlich: Die Wissenschaftler „formen und modeln“[23] an den natürlich gegebenen Tatsachen, die sie laut Droysen durch empirische Forschung zu gewinnen haben. In einem weiteren Schritt, nämlich dem der Interpretation, müsse man die Dinge „als Ausdruck dessen [...] erfassen, was sich darin hat äußern wollen.“[24] Da Droysen im Gegensatz zur späteren Forschung noch mehrere Formen der Geschichtsschreibung unterscheidet, soll hier nur auf die „erzählende Form“ eingegangen werden. Dieser unterstellt Droysen Objektivität, wenn er über sie aussagt, dass in ihr „die Arbeit [des Geschichtswissenschaftlers] zurücktritt und die Dinge sozusagen zu ihrem Recht kommen.“[25] Der Autor ist also demnach nicht Interpretator,

---

19 Ranke: Über die Epochen der neueren Geschichte, S. 17.

20 Ranke: Geschichten der romanischen und germanischen Völker, S. 7.

21 Droysen, Gustav: Historik. Vorlesungen über Enzyklopädie und Methodologie der Geschichte. Darmstadt 1971, S. 275.

22 Lorenz: Konstruktion der Vergangenheit, S.131.

23 Droysen: Historik, S. 13.

24 Ebenda, S. 153.

25 Droysen: Historik, S. 274.

sondern nur Übersetzer der ursprünglichen Sprache, die alle Geschehnisse *tatsächlich* sprechen.

Auch Droysen fordert die Einheit des Erzählens, um „den verlorenen Zusammenhang wiederzufinden."[26] Dieser Zusammenhang wird also sowohl in seinen Grundzustand zurückgebracht, denn ein solcher wird damit als gegeben angenommen, als auch erst erschaffen: als Vorgang, „den als solchen nur die menschliche Vorstellung zusammenfasst nach einem diesen Einzelheiten gemeinsamen Zweck oder Anlass oder Wirkung usw.".[27]

Die Erzählung ist nach Droysen nicht nur teleologisch, sondern außerdem ohne Brüche, eine „in sich steigernde Kontinuität"[28] der Geschichte. Diese ist bedingt durch seinen Glauben an eine „außer Zeit und Raum stehende [...] Einheit."[29] Der Bezug zur Gegenwart sind die „Überreste"[30] der Vergangenheit, die im Jetzt interpretiert werden müssen, aus der Überzeugung heraus, dass sie damals einen Sinn hatten, der wieder erweckt werden muss. Zusätzlich sieht Droysen es als „Gefahr" an, „die Anschauungen und Voraussetzungen unserer eigenen Gegenwart"[31] in diese Wiedererweckung einfließen zu lassen. Er ist sich also der Möglichkeit bewusst, glaubt aber gleichzeitig daran, dass dies auch vermieden werden könnte. Sehr aktuell ist Droysens Befürchtung von einer Überschneidung zwischen Literatur und Geschichtswissenschaft, die er mit der klaren Absage kommentiert: „[N]ichts ist für unsere Wissenschaft verhängnisvoller"[32]. Er sieht den Unterschied in der Existenz der gegebenen Materialien, die zwar Lücken aufweisen könnten, die aber von den Historikern nicht geschlossen werden dürften, denn die Erzählung „würde damit den Wert und den Anspruch der empirischen Wissenschaft verlieren, sie würde zum Roman werden."[33]

26 Droysen: Historik, S. 88.
27 Ebenda, S. 97.
28 Droysen: Historik, S. 12.
29 Ebenda, S. 16.
30 Ebenda, S. 98.
31 Ebenda, S. 156.
32 Ebenda, S. 273.
33 Ebenda, S. 285.

2.1.1.2 Antihistorismus bei Friedrich Nietzsche und Walter Benjamin

Es ist sicherlich nur eine geringfügige Übertreibung zu sagen, „dass in keiner früheren Phase des europäischen Denkens für so viele mit den geschichtlichen, religiösen und weltanschaulichen Problemen ringende Menschen eine solche Erschütterung des historischen Denkens erfolgte“[34] wie im Antihistorismus. Die Strömung, die sich als Antwort auf die Interpretationsweise der Historisten – den „Techniker[n] ohne Reflexion auf ihre Technik“[35] – entwickelte, ist durch zahlreiche Namen geprägt, beispielsweise Martin Heidegger, Karl Lamprecht, Georg Simmel und Ernst Troeltsch.

Vielfach wird der Höhepunkt dieser Geschichtstheorie nach dem ersten Weltkrieg gesehen, denn durch die enorme Zunahme an (Falsch-) Informationen im Krieg ergaben sich zwei Rückschlüsse: Zum einen die Einsicht, dass einer solchen Informationsmasse „durch zusammenfassende historische Darstellung überhaupt beizukommen“[36] unmöglich sei. Zum anderen die Erkenntnis, dass „Nachricht und Sachverhalt sich in vielen Fällen keineswegs deckten“.[37] Der Antihistorismus hatte also von Anfang an einen kämpferischen Ansatz für die ‚Wahrheit'. Aus diesem Grund habe ich mich bei der Wahl ihrer Vertreter für die – zwar zeitlich weit auseinanderliegenden, doch inhaltlich zumindest in jenem Punkt konvergierenden Theorien von Friedrich Nietzsche und Walter Benjamin entschieden.

In diesen werden die ‚Schwächen' des Historismus durch die Konfrontation mit der Realität ihrer Zeit, also mit dem durch die politischen und religiösen Situation in Europa entstehenden Nihilismus[38] am Ende des

---

34 Heussi: Krisis des Historismus, S. 22.

35 Ebenda, S. 24.

36 Heussi: Krisis des Historismus, S. 27.

37 Ebenda, S. 28.

38 Nietzsches Nihilismus – auch dieser Begriff ist umstritten – stellt die Erkenntnis-Wissenschaft grundsätzlich in Frage. Sein Interpretationsansatz ist sehr politisch, aber weit auslegbar. Deshalb wurden seine Schriften (besonders im Zusammenhang mit „Wille zur Macht“ und der Definition des „Übermenschen“) für die faschistische Propaganda missbraucht und werden auch bis heute kontrovers diskutiert. Es lässt sich allerdings ohne Zweifel sagen, dass Nietzsches Blick auf die Macht zwar kämpferisch, aber aus einer überlegenen Position heraus erfolgt, während Benjamins Blick der des Unterdrückten ist.
Vgl. Baek, Sung Young: Interpretation bei Friedrich Nietzsche. Eine Analyse. Würzburg 1999. / Kittler,Friedrich: Eine Kulturgeschichte der Kulturwissenschaft. München 2000, S. 152 – 165.

19. Jahrhunderts und durch die Unterdrückung durch den Nationalsozialismus in der Mitte des 20. Jahrhunderts[39], meiner Meinung nach am deutlichsten aufgezeigt. Zudem zeugt die Beschäftigung zweier Philosophen mit dem Thema der Geschichtsschreibung von der Weiterentwicklung des Diskurses.

Friedrich Nietzsche hat besonders in seiner Schrift „Vom Nutzen und Nachteil der Historie für das Leben" (1873/74) „die einseitige und übertriebene Historie deutlich erkannt und scharf gegeißelt, aber der Ausdruck des ‚Historismus' fällt nirgends."[40] Dies ist allerdings nicht weiter verwunderlich, da der Begriff im Sinne eines Theorieprogramms erst im Nachhinein – nämlich ab Anfang des 20. Jahrhunderts – gebraucht wurde. Nietzsche fordert: „Historie zum Zwecke des Lebens zu treiben!"[41] Damit ist sogleich der aktive Charakter in Nietzsches Geschichtsphilosophie aufgezeigt.

Dieser bezogen auf seine Überzeugung: „die Geschichte wird nur von starken Persönlichkeiten ertragen, die schwachen löscht sie aus."[42], macht deutlich, dass Historie für Nietzsche immer verbunden ist mit Machtanspruch und Kampf um die Macht. Seine Kritik an den Vertretern des Historismus wird dabei laut in den Worten:

> Wer aber erst gelernt hat, vor der „Macht der Geschichte" den Rücken zu krümmen und den Kopf zu beugen, der nickt zuletzt chinesenhaft-mechanisch sein „Ja" zu jeder Macht, sei dies nun eine Regierung oder eine öffentliche Meinung oder eine Zahlen-Majorität, und bewegt seine Glieder genau in dem Takte, in dem irgend eine Macht am Faden zieht.[43]

---

39 Walter Benjamin, der von Hannah Arendt als ein „Dichter" ohne dichterisches Denken (vgl. S. 22), als ein „Sammler" (S. 56) und als „Perlentaucher" der Vergangenheit (S. 62) charakterisiert wird, ist für diese Arbeit besonders durch seine langjährige Freundschaft mit Brecht interessant. Hinzu kommt, dass Benjamin oft für einen Philosophen gehalten wird, sich selbst aber mehr im Verständnis des Kritikers – also auf einer philologischen Ebene – Texten annäherte. Durch seinen Selbstmord an der französisch-spanischen Grenze1940, nahm sein Kampf gegen den Faschismus, der anders als bei Nietzsche eben von unten nach oben geführt werden sollte, ein tragisches Ende.
Vgl. Arendt, Hannah: Walter Benjamin, Bertolt Brecht, Zwei Essays. München 1971.

40 Ebenda, S. 2.

41 Nietzsche, Friedrich: Unzeitgemäße Betrachtungen. Zweites Stück: Vom Nutzen und Nachtheil der Historie für das Leben. In: Friedrich Nietzsche. Sämtliche Werke. KSA I. Die Geburt der Tragödie, hg. v. Colli, Giorgio/ Montinari, Mazzino. München 1999, S. 257

42 Nietzsche: Nutzen und Nachtheil, S. 283.

43 Nietzsche: Nutzen und Nachtheil, S. 309.

Nietzsche sieht drei mögliche Ausrichtungen der Geschichts-schreibung: die monumentalische (= auf die Zukunft gerichtete), die antiquarische (= auf die Vergangenheit gerichtete) und die kritische, die er für die einzig wahre hält. In ihr dominiert die Perspektive der Gegenwart.[44]
Seine Kritik setzt bei der Vorstellung an, dass historische Tatsachen oder Wahrheiten überhaupt in der Natur gegeben seien, denn er sagt, „jeder Begriff entsteht durch Gleichsetzen des Nichtgleichen."[45] Mit der Verwendung des Wortes ‚Begriff' wird zudem klar, dass hier die sprachliche Ebene des Erkenntnisgewinns als problematisch angesehen wird. Es wird nicht verneint, dass Tatsachen gegeben seien, sobald diese jedoch dargestellt würden, entstehe auch ihre Verfremdung. Oder wie Nietzsche selbst fragt und sofort verneint: „[Decken] sich die Bezeichnungen und die Dinge? Ist die Sprache der adäquate Audruck aller Realitäten?"[46]

So ist die Kunst ein „notwendiges Correlativum und Supplement der Wissenschaft"[47], der ihre Allgemeingültigkeit abhanden gekommen ist, „denn alles Leben ruht auf Schein, Kunst, Täuschung, Optik, Nothwendigkeit des Perspektivischen und des Irrthums."[48] So nähert sich Nietzsches Sicht der Welt auch unwillkürlich der Ebene des Theaters an: alles Leben ist Schein, ist somit Spiel.
Zudem wird wieder Kritik am Objektivismus-Glauben der Historiker um Ranke und Droysen laut, wenn Nietzsche behauptet: „nur dadurch, dass der Mensch sich als Subjekt, als *künstlerisch schaffendes* Subjekt, vergisst, lebt er mit einiger Ruhe."[49] Das Bewusstsein, dass alles Schreiben ein Schaffensprozess ist, ist damit erreicht. Eine vorausahnende Warnung spricht außerdem aus den Worten, „Menschen oder Zeiten, die auf diese Weise dem Leben dienen, dass sie Vergangenheit richten und vernichten,

---

44 Düsing, Wolfgang: Einleitung. Zur Gattung Geschichtsdrama. In: Mainzer Forschungen zu Drama und Theater. Band 19: Aspekte des Geschichtsdramas. Von Aischylos bis Volker Braun. Hg. v. Düsing,Wolfgang. Tübingen/ Basel 1998, S. 7.

45 Nietzsche, Friedrich: Über das Pathos der Wahrheit. Über Wahrheit und Lüge im außermoralischen Sinne. Vierte Jahresgabe. Hg. von der Gesellschaft der Freunde des Nietzsche-Archivs. Leipzig 1929, S. 16.

46 Ebenda, S. 14.

47 Nietzsche, Friedrich: Geburt der Tragödie. In: Friedrich Nietzsche Sämtliche Werke. KSA I. Die Geburt der Tragödie, hg. v. Colli, Giorgio/ Montinari, Mazzino. München 1999, S. 96.

48 Ebenda, S. 18.

49 Ebenda, S. 20.

sind immer gefährliche und gefährdete Menschen und Zeiten."[50] Wieder ist es die Macht des Historikers, die in den Mittelpunkt gestellt wird. Den Historikern seiner Zeit unterstellt er dabei schon marktorientierte Aufarbeitung des Materials: „[U]nwillkürlich drängen sich die Worte ‚Fabrik Arbeitsmarkt Angebot Nutzbarmachung' [...] auf die Lippen, wenn man die jüngste Generation von Gelehrten schildern will."[51] Der Glaube an Objektivität ist einem vehementen Nihilismus gewichen. Aber anders als andere Theoretiker sieht Nietzsche Objektivität auch keineswegs als erstrebenswert an.[52]

Schließlich bedeutet Subjektivität auch immer Auswahl oder Weglassung des subjektiv Unnötigen und Nietzsche glaubt, dass es „kein Glück, keine Heiterkeit, keine Hoffnung, keinen Stolz, keine Gegenwart geben könnte ohne Vergesslichkeit."[53]

Da aber die Gegenwart als das wichtigste Moment in Nietzsches Geschichtsphilosophie erscheint, wird das scheinbar nicht-denkende Tier zum Ideal, „denn es geht auf in der Gegenwart, wie eine Zahl, ohne dass ein wunderlicher Bruch übrig bleibt, es weiß sich nicht zu verstellen, verbirgt nichts und erscheint in jedem Momente ganz und gar als das, was es ist."[54] Für Nietzsche stellt sich die Gefahr ein, dass die Geschichtsschreibung das Alte so sehr rühmt, dass darüber das Neue nicht zu seinem Recht kommt. Die Vergangenheit muss aufgelöst werden, um für das Leben Platz zu schaffen.[55] Rankes Bild von der Geschichte, die unmittelbar zu Gott stehe, stellt Nietzsche die Aufforderung entgegen: „Nur aus der höchsten Kraft der Gegenwart dürft ihr das Vergangene deuten".[56] Und er steigert diese Formulierung noch in den Worten: „Nur der, welcher die Zukunft baut, hat ein Recht, die Vergangenheit zu richten."[57]

Die Trennung von Literatur und Wissenschaft besteht für Nietzsche zwar, auch wird die Möglichkeit der Überschreitung erkannt,[58] sie stellt

50 Nietzsche: Nutzen und Nachtheil, S.270.

51 Ebenda, S. 300.

52 Vgl. Ebenda, S. 309 f.

53 Nietzsche, Friedrich. Jenseits von Gut und Böse. Zur Genealogie der Moral. In: Friedrich Nietzsche, Sämtliche Werke. Kritische Studienausgabe. Band 5. Hg. von Colli, Giorgio/ Montinari, Mazzino. München 1988, S. 292.

54 Nietzsche: Nutzen und Nachtheil, S. 249.

55 Vgl. Ebenda, S. 269 f.

56 Ebenda, S. 293 f.

57 Ebenda, S. 294.

58 Vgl. Nietzsche: Nutzen und Nachtheil, S. 262/ S. 272.

sich für ihn aber eher positiv dar.[59] Der Übergang zur Kunst ist seiner Meinung nach die Rettung für die Historie, denn das lebensbejahende Element bestehe nur in ihr: „Die Kunst ist mächtiger als die Erkenntnis, denn *sie* will das Leben, und jene erreicht als letztes Ziel nur – die Vernichtung –."[60]

Walter Benjamins Schriften berühren durch ihre Hauptthematik der Wahrheitsfindung in vielen Punkten die Historie, am deutlichsten jedoch in seinem Aufsatz „Über den Begriff der Geschichte" von 1940. Seine Geschichtsanschauung bezeichnet Benjamin als „historischen Materialismus"[61] und stellt sich damit in die Tradition von Marx und Engels und gegen den Historismus.

Allerdings bleibt umstritten, in wie weit seine literarische Beschäftigung mit beiden Geschichtsphilosophien, z.B. dem „Kapital" von Karl Marx, tatsächlich stattgefunden hat.[62] Auf der anderen Seite ist es allerdings auch eine Unterstellung, Benjamin habe sich die Position des Marxisten nur ausgesucht, weil sie der Position des Unterdrückten zur Zeit des Nationalsozialismus am besten Ausdruck verlieh. Feststeht, dass sein Denken fast immer dialektisch war und somit eben auch kritisch gegenüber allen politischen Richtungen blieb. Die „Unbestechlichkeit von Benjamins Urteil"[63] beruhte vor allem auf der Verweigerung der Einfühlung,[64] wie sie noch von Droysen gefordert worden war. Denn Benjamin unterstellt dem Geschichtsschreiber des Historismus, er würde sich „unweigerlich in den Sieger"[65] einfühlen. Der Kampf für die „Wahrheit, die als ein reinigendes Feuer diesen Staat und seine Ordnung einmal verzehren soll"[66], ist der Kampf Benjamins gegen den Faschismus. Geschichtsschreibung erhält den Stellenwert von Politik, sie wird ihr gleichgesetzt.

Dies lässt sich dadurch erklären, dass Benjamin erkennt, dass die „Konstruktion des Lebens [...] weit mehr in der Gewalt der Fakten als von

59 Vgl. Nietzsche: Nutzen und Nachtheil, S. 57./ Nietzsche: Geburt der Tragödie, S. 14.

60 Nietzsche: Pathos der Wahrheit, S.10.

61 Benjamin, Walter: Über den Begriff der Geschichte. In: Walter Benjamin. Gesammelte Schriften, 1. Band, Hg von Tiedemann, Rolf/ Schweppenhäuser, Hermann, Frankfurt am Main 1974, S. 693.

62 Arendt: Benjamin/Brecht, S. 18.

63 Ebenda, S. 14.

64 Vgl. Benjamin: Begriff der Geschichte, S. 696.

65 Ebenda.

66 Benjamin, Walter: Versuche über Brecht. Hg. von Tiedemann, Rolf. Frankfurt am Main 1967. S. 48.

Überzeugungen"[67] liegt, also in der Macht derjenigen, die Fakten schaffen können. Aus dem Wort „Konstruktion", das er hier verwendet, wird klar, dass es für ihn zwar Tatsachen außerhalb dieser Konstruktion geben muss, dass diese aber immer genutzt werden, um ein bestimmtes Ziel – Ranke würde sagen einen „Gedankenkomplex" – zu verwirklichen. Benjamin glaubt aber, dass es ein ursprünglich Vorhandenes, „konkret und ‚materiell' Auffindbares"[68] in der Natur gibt. Dieses bezeichnet er nach Goethe mit dem Begriff „Urphänomen". Er praktiziert ein „durch Reflexion vegangene[s] Staunen vor der Faktizität des Samenkorns, diesem Winzigsten, aus dem alles entsteht und mit dessen konzentriertester ‚Bedeutung' nichts es aufnehmen kann."[69]
Allerdings bedeutet dies noch lange nicht, dass Benjamin überzeugt wäre, dieses Samenkorn auffinden und dauerhaft abbilden zu können:

> Vergangenes historisch artikulieren heißt nicht, es erkennen ‚wie es denn eigentlich gewesen ist'. Es heißt, sich einer Erinnerung bemächtigen, wie sie im Augenblick der Gefahr aufblitzt.[70]

Objektivität ist wie für Nietzsche auch für Benjamin weder machbar noch wünschenswert, denn im Gegensatz zum Historismus, der seiner Meinung nach „die Masse der Fakten auf[bietet], um die homogene und leere Zeit aufzufüllen",[71] wird die materialistische Geschichtsschreibung von einem konstruktiven Prinzip getragen.
Benjamin beschuldigt die alten Historiker mit den Worten: „die ‚Unbefangenheit', der ‚freie Blick' [seien] Lüge, wenn nicht der ganz naive Ausdruck planer Unzuständigkeit."[72] Alle Subjektivität findet Ausdruck auf der sprachlichen Ebene, da „sich die Wahrheit [...] vorm Objektiv der Schrift [...]"[73] weigert. Es kann keine einheitliche Erzählung der Geschichte geben, wenn damit das Ziel verbunden ist, den Klassenkampf zu verdeutlichen. Nach Benjamin muss der Historiker vielmehr „eine bestimmte Epoche aus dem homogenen Verlauf der Geschichte heraussprengen".[74] Das teleologische Schreiben des Historismus wird endgültig

---

67 Benjamin, Walter: Einbahnstraße. Frankfurt am Main 1955, S. 7.
68 Arendt: Benjamin/ Brecht, S. 17.
69 Ebenda, S. 19.
70 Benjamin: Begriff der Geschichte, S. 695.
71 Ebenda, S. 702.
72 Benjamin: Einbahnstraße, S. 95.
73 Benjamin: Einbahnstraße, S. 107.
74 Benjamin: Begriff der Geschichte, S. 703.

verworfen mit dem „Bewusstsein, das Kontinuum der Geschichte aufzusprengen."[75] Allerdings ist das neue Ziel dieser Geschichtsschreibung, die Darstellung des Klassenkampfes, für die Auswahl der Fakten entscheidend – der Unterschied ist aber, dass sich Benjamin dieses Schaffensprozesses bewusst ist und ihn als sein Kampfmittel nutzt.

Wie alle kämpferischen Theorien ist auch Benjamins Ansatz sehr im Jetzt verankert. Geschichte erhält ihren Wert durch den Einfluss, den sie auf die Gegenwart nehmen kann. So stellt „der Historismus [...] das ‚ewige' Bild der Vergangenheit dar, der historische Materialist eine Erfahrung mit ihr, die einzig dasteht"[76].

Durch den „Tigersprung"[77] in die Vergangenheit kann es dem Geschichtsschreiber kurzfristig gelingen, „ein unwiederbringliches Bild der Vergangenheit, das mit jeder Gegenwart zu verschwinden droht"[78], festzuhalten. Wichtig ist Benjamin also die stete Neuinterpretation von Geschichte im jeweils aktuellen politischen Zusammenhang. Schließlich hat er durch die Propaganda der Nationalsozialisten am eigenen Leibe erfahren, wie Vergangenheit neu- bzw. uminterpretiert wurde, um die Gegenwart zu legitimieren. Anders als seinem Freund Bertolt Brecht, den er als „Spezialist des Von-vorn-Anfangens"[79] bezeichnet hat, gelang es ihm aber nicht, seinen persönlichen Kampf gegen den Faschismus zu gewinnen. Mit dieser Erfahrung war er nicht der einzige, so dass die Literatur sich auch in der Geschichtsschreibung neue Wege suchen musste, um die Konfrontation mit dem ‚gemachten Wissen' zu neuen Erkenntnissen zu nutzen.

---

75 Benjamin: Begriff der Geschichte, S. 701.

76 Ebenda, S. 702.

77 Benjamin: Begriff der Geschichte, S. 701.

78 Ebenda, S. 695.

79 Benjamin: Versuche über Brecht, S. 44.

2.1.2 *In der Postmoderne*

Die Postmoderne ist als Gegenbewegung zur Moderne, „insbesondere [zur] Prämisse der Einheit, de[s] Monismus“[80], zu verstehen. Nietzsche und Benjamin sind dabei bereits Vorreiter einer Entwicklung hin zur vollständigen Auflösung des Erkenntnisglaubens der Aufklärung. Durch die Geschichte des 20. Jahrhunderts stark beeinflusst, wenden sich die Denker der Postmoderne ab von „den klassischen Begriffen von Wahrheit, Vernunft, Identität und Objektivität, von universalem Fortschritt oder Emanzipation, von singulären Rahmenkonzepten, ‚großen Erzählungen’ oder letzten Erklärungsprinzipien.“[81] Während in der Moderne der Künstler als Ideal (vgl. Nietzsche) den seit der Romantik bestehenden Gedanken der Innovation aufrechterhält, stellt sich in der Postmoderne immer mehr die Frage, was die Folgen sind, wenn „der Widerstand gegen die Macht der Konventionen und Stereotypen mit den Mitteln ästhetischer Verfremdung oder Reduktion an objektive Grenzen stößt.“[82] Natürlich ist die Postmoderne aber noch vollends durchdrungen von den Gedanken der Moderne – manche sehen in ihr sogar die Nähe zum Historismus – was allerdings den sprachlichen Faktor, der vor allem ab den 1970er Jahren in Deutschland an Bedeutung gewann, außer Acht lassen würde: Ausgehend von der Wahrnehmung der Welt als „kontingent, als unbegründet, als vielgestaltig, unstabil, unbestimmt, als ein Nebeneinander verschiedener Kulturen und Interpretationen“[83], radikalisierte die Postmoderne die Ansicht von der Konstruktion aller Erkenntnis auf sprachlicher Ebene – der *lingusitic turn* trat, nicht nur in der Geschichtswissenschaft, in den Vordergrund. Neben dem Faktor der Pluralität, die die Vorstellung von der Einheit ablöste, wird diese „Epoche“ besonders gekennzeichnet durch Diskontinutät – sowohl in der Erzählung als auch in der Entwicklung selbst, durch Dezentrierung – also auch die Absage an alle Ideensysteme, denen ein einziger Antrieb zu Grunde liegt (z.B. der Marxismus), durch Wissenschaftsskepsis und durch eine

80 Lorenz: Konstruktion der Vergangenheit, S. 154.

81 Eagleton, Terry: Die Illusionen der Postmoderne. Ein Essay. Stuttgart/ Weimar 1997, S. 7.

82 Žmegač, Victor: Zur Analyse der Moderne und Postmoderne. In: Avantgarde und Postmoderne. Prozesse struktureller und funktioneller Veränderungen, hg. Von Fischer-Lichte, Erika/ Schwind, Klaus. Tübingen 1991, S. 18.

83 Eagleton: Illusionen der Postmoderne, S. 7.

Überschreitung des Verständnisses von Fiktion und Fakten, die durch die sprachliche Wende bedingt wird.[84]

2.1.2.1 Diskursanalyse bei Michel Foucault

Der französische Philosoph Michel Foucault ist durch sein umfangreiches und widersprüchliches Gesamtwerk zu einem der bedeutendsten Vertreter der Postmoderne geworden. Er setzte sich im Zusammenhang mit seiner Philosophie der Macht und des Subjekts auch immer wieder mit der Darstellung von Geschichte auseinander. Im Folgenden werde ich mich besonders mit seinen im Jahre 1974 gesammelten Aufsätzen aus „Die Subversion des Wissens" befassen, zudem noch mit „Die Ordnung der Dinge" von 1966 und der „Archäologie des Wissens" von 1969. Foucault geht davon aus, dass das Anormale von der Macht unterdrückt wird und somit die „Normalisierungsgesellschaft [...] der historische Effekt einer auf das Leben gerichteten Machttechnologie"[85] ist.
Für ihn sind die Strukturen der Macht eng verbunden mit den Strukturen des Wissens. Seine philosophischen Theorien waren deshalb stets Ausgangspunkt oder Folge von praktischem Engagement, das zwar als politisch gewertet werden könnte, sich aber außerhalb fester Parteiengrenzen vollzog. Dies erklärt allerdings Foucaults Sicht auf Geschichte als „Geschichte der Gegenwart, [die nur dazu dient], das Heute besser kennenzulernen und zu verändern."[86] Interpretation von angeblichen Fakten wird zur Machtausübung, wenn Foucault definiert: „Geschichte ist eine bestimmte Art für eine Gesellschaft, einer dokumentarischen Masse, von der sie sich nicht trennt, Gesetz und Ausarbeitung zu geben."[87] Sein eigenes Ideal einer historischen Methodologie bezeichnet Foucault in Anlehnung an sein großes Vorbild Nietzsche als „wirkliche Historie" bzw. als „phänomenologische Methode, [die] vom Ganzen Rechenschaft ablegen will, vom Cogito wie von dem, was vor der Reflexion liegt."[88] Von Nietzsche übernimmt Foucault auch den kämpferischen Ansatz seiner Theorie.

---

84 Vgl. Lorenz: Konstruktion der Vergangenheit, S. 154 - 163.

85 Foucault, Michel: Sexualität und Wissen. In: Der Wille zum Wissen. Band 1. Frankfurt am Main 1983, S. 172.

86 Lorenz: Konstruktion der Vergangenheit, S. 163.

87 Foucault, Michel: Archäologie des Wissens. Frankfurt am Main 1981, S. 15.

88 Foucault, Michel: Von der Subversion des Wissens. Frankfurt am Main 1987, S. 16.

Dieser entsteht aus dem Bewusstsein der Konstruktion, weil es laut Foucault „hinter allen Dingen ‚etwas ganz anderes' gibt: nicht ihr wesenhaftes und zeitloses Geheimnis, sondern das Geheimnis, dass sie ohne Wesen sind oder dass ihr Wesen Stück für Stück aus Figuren, die ihm fremd waren, aufgebaut worden ist."[89] Er wendet sich gegen die Macht dieser Konstrukteure der Vergangenheit. Gleichzeitig glaubt auch er an eine ursprüngliche Existenz von Fakten, die durch den Diskurs aber sofort wieder verdeckt werden.[90] Alle Erkenntnis muss also nach Foucault ungerecht sein, da „der Erkenntnisinstinkt böse ist."[91] Die Sprache spielt dabei für ihn eine zentrale Rolle: durch den Verlust des „stabilen Verhältnisses von Inhalt und Beinhaltetem"[92], den er auch als „verlorene Ähnlichkeit"[93] bezeichnet, wird die grundsätzliche Gegegebenheit von Wahrheit hinterfragt.

Für Foucault bedeutet Wissen, „Sprache auf Sprache zu beziehen"[94], also einen zweiten Diskurs über den angeblichen Tatsachen entstehen zu lassen. In diesem Sinne wird Geschichte zur Archäologie, „zur immanenten Beschreibung des Monuments"[95] – wobei zu beachten ist, dass Monumente laut Foucault das Ursprüngliche sind; während die traditionelle Geschichte versuchte, diese in Dokumente zu überführen, plädiert er für den umgekehrten Weg.

Man kann Foucault im Bezug auf seine eigene Methodologie durchaus „die Gewissheit über die Subjektivität"[96] bescheinigen, man sieht aber auch, was die Folgen dieser Feststellung sind, denn wenige andere Philosophen stehen so unter dem Verdacht, sich selbst zu widersprechen oder Unstimmigkeiten im Gesamtwerk aufzuweisen. Diese Tatsache muss hier eine Andeutung bleiben, aber es steht fest, dass Foucault Interpretieren definiert als „sich eines Systems von Regeln, das in sich keine wesenhafte Bedeutung besitzt, gewaltsam oder listig zu bemächtigen, und ihm eine Richtung aufzuzwingen"[97]. Bezieht man diese Definition auf ihn selbst als Autor, ist damit jegliche Objektivität unterbunden. Vielmehr

89 Foucault, Michel: Von der Subversion des Wissens. Frankfurt am Main 1987, S. 71.
90 Vgl. Ebenda, S. 72.
91 Ebenda, S. 87.
92 Foucault, Michel: Die Ordnung der Dinge. Eine Archäologie der Humanwissenschaften. Frankfurt am Main 1971, S. 19.
93 Ebenda, S. 67.
94 Foucault: Ordnung der Dinge, S. 72.
95 Foucault: Archäologie, S. 15.
96 Foucault: Subversion des Wissens, S. 122.
97 Foucault: Subversion des Wissens, S. 78.

will Foucault wie Nietzsche auch nur derjenige sein, der weiß, „von wo er blickt und auf was er blickt.“[98] Für ihn verschränkt sich mit der angeblichen Objektivität alles andere, was er an der Geschichtswissenschaft kritisiert: „Die Objektivität des Historikers ist die Umkehrung der Beziehungen zwischen dem Wollen und dem Wissen und damit auch der notwendige Glaube an die Vorsehung, an die Finalursachen und an die Teleologie.“[99]

Einheitliche Erzählungen widersprechen Foucaults Vorstellung von der Beschaffenheit der Geschichte als „Überschneidung, Isomorphismus, Transformation [und] Übertragung“[100]. Seine Methodologie hat die „Infragestellung der Teleologien und Totalisierungen als Ziel.“[101] Es ist die Menge verstreuter Ereignisse, welche festgehalten und verbunden werden sollen.

Allerdings nicht aufeinanderfolgend und mit einem fiktionalen Zusammenhang vernetzt, sondern in der ursprünglichen Diskontinuität. Dafür führt Foucault die Bezeichnungen von „Schwelle, Bruch, Einschnitt, Wechsel [und] Transformation“[102] ein, deren Verwirklichung sprachlich gut vorstellbar ist.

Und damit kommen wir zurück zum Anfang: die Ausrichtung auf die Gegenwart bestimmt die Begriffe und die Form. Vergangenheit dient für Foucault dem Erkennen der Gegenwart: „Wir müssen die historischen Bedingungen kennen, die unserer Begriffsbildung zugrunde liegen. Wir brauchen ein geschichtliches Bewusstsein unserer gegenwärtigen Situation.“[103] Es gibt keine zeitlosen Wahrheiten in diesem System, sondern jede wissenschaftliche Erkenntnis ist von der „Bewegung der Geschichte“[104] abhängig. Dies ist die Anknüpfung an Benjamins ‚Tigersprung in die Vergangenheit’. Obwohl es ihm oft unterstellt wurde, weist Foucault aber eine skeptische oder gar relativistische Sicht auf die Wissenschaft von sich. Er konstatiert lediglich, dass ihn interessiere, in welcher Weise Wissen zirkuliert und funktioniert, „also seine Beziehungen zur Macht.“[105] Dennoch trägt er selbst zur Überschreitung der Grenze Rich-

98 Foucault: Subversion des Wissens, S. 82.

99 Ebenda, S. 84.

100 Foucault, Michel/ Seitter, Walter: Das Spektrum der Genealogie. Bodenheim, S. 10.

101 Foucault: Archäologie, S. 28.

102 Foucault: Archäologie, S. 13.

103 Foucault: Genealogie, S. 16.

104 Foucault: Ordnung der Dinge, S. 444.

105 Foucault: Genealogie, S. 20.

tung Literatur bei, wenn er die Geschichtsdarstellung Europas im 19. Jahrhundert als „unermessliches, sich überschlagendes Schauspiel“[106] charakterisiert und den traditionellen Historikern vorwirft, sie hätten „der französischen Revolution [...] die römische Toga umgehängt, der Romantik die Waffenrüstung des Ritters, der Wagnerepoche das Schwert des germanischen Helden.“[107] Er bezeichnet diese Dinge als Maskerade und kritisiert sie scharf, aber dennoch gebraucht er hier sehr poetische Vergleiche für eine sachliche Auseinandersetzung mit den Geschichtstheorien anderer.

Und wenn er seine eigene Historie schließlich als „Karneval großen Stils“[108] bezeichnet, verschwimmen endgültig die Grenzen zwischen wissenschaftlichem Text und Parodie (wie er selbst definiert), also literarischem Text. Einmal mehr tut sich die Frage auf, ob diese Trennung überhaupt möglich ist.

2.1.2.2 Textualismus bei Jacques Derrida

Jacques Derrida ist, als Nachfolger von Ferdinand de Saussure, Vertreter des Poststrukturalismus. Neben der daraus resultierenden Radikalisierung der Zeichenlehre vertritt Derrida, in Abgrenzung zu Foucaults Diskursanalyse und besonders als Gegenbewegung zur Hermeneutik, wie sie beispielsweise Hans-Georg Gadamer betreibt, das Prinzip der Dekonstruktion[109]. Als Textualimus lässt sich Derridas Methodologie deshalb bezeichnen, weil bei ihm die Vorstellung von der Welt als Referenz der Sprache nicht existiert: „Ein Text-Äußeres gibt es nicht.“[110] So erweitert er den *différence*-Begriff de Saussures zum Begriff der *differánce*. Während de Saussure das Zeichen als arbiträr (also willkürlich gewählt und von der Sache verschieden), konventionell (also von der Gesellschaft be-

106 Foucault: Subversion des Wissens, S. 84.

107 Ebenda, S. 85.

108 Foucault: Subversion des Wissens, S. 86.

109 Die Dekonstruktion zersetzt jeden Text und geht dabei auf das in ihm enthaltene „Verdrängte, Immunisierte, Derivative, bloß Suplimentäre der klassischen philosophischen Begriffe“ ein. Problematisch ist dabei, dass Dekonstruktion sich selbst als Wissenschaft durch die Infragestellung der zentralen Begriffe Wesen, Wahrheit, Sinn, Bedeutung, Subjekt, Bewusstsein, Vorstellung etc. hinterfragt.
Vgl. Völkner, Peter: Derrida und Husserl. Zur Dekonstruktion einer Philosophie der Präsenz. Wien 1993, S. 9f.

110 Derrida, Jacques: Grammatologie. Frankfurt am Main 1974, S. 274.

stimmt) und differenziell (also durch die Unterschiede zu anderen Zeichen bestimmt) charakterisiert, radikalisiert Derrida mit der *differánce*: Wenn Zeichen durch Unterschiede gesetzt werden, müssen auch diese Unterschiede wieder so bestimmt sein. Die *differánce* führt somit zur Infragestellung allen Inhalts der Sprache und ist durch stete aktive Bewegung und durch Umdenken fernab von Kategorien wie Subjekt und Objekt definiert.[111]

Um mich dem Geschichtsverständnis Derridas anzunähern, werde ich mich vor allem mit seiner Einleitung zu Edmund Husserls „Der Ursprung der Geometrie“ von 1962, den oben bereits genannten „Positionen“ und seinem Werk „Die Schrift und die Differenz“ von 1967 beschäftigen.

Derrida sieht „die Sprache als den Ursprung der Geschichte.“[112] Deshalb ist es unerlässlich, die Methodik des Poststrukturalismus zu verstehen, um seinen Geschichtsbegriff zu erfassen. Dieser will vor allem „die technizistische Naivität überwinden, heißt den operationelen Begriff in einem *thematischen Begriff* reflektieren.“[113] Laut Derrida ist aus der strukturalistischen und der genetischen Forderung, der Suche nach dem Ursprung und dem Grund der Struktur, die Phänomenologie entstanden, die er betreibt.[114] Erkenntnisgewinn an den unmittelbar gegebenen Tatsachen stellt sich gegen jegliche Metaphysik und sieht auch Geschichte – empirisch betrieben – immer abhängig von der Phänomenologie, „die als einzige ihre eidetischen Voraussetzungen enthüllen kann.“[115] Derrida glaubt an die universale Historizität der Dinge. Aber er wendet sich ab von dem metaphysischen Geschichtsbegriff, also einer „Geschichte des Sinns, die sich herstellt, die sich entwickelt, die sich vollendet.“[116]

Sein Verhältnis zur ursprünglichen Existenz der Fakten ist besonders problematisch, wie sich im Begriff des Textualismus bereits angedeutet

---

111 Vgl. Derrida, Jacques: Postionen. Gespräche mit Henri Ronse, Julia Kristeva, Jean-Louis Houdebine, Guy Scarpetta. Hg. von Ronse, Henry. Graz 1986, S. 40 ff.
Kimmerle, Heinz: Jacques Derrida zur Einführung. Hamburg 2000, S. 79.

112 Derrida, Jacques: Die Schrift und die Differenz. Frankfurt am Main 1976, S. 10.

113 Ebenda, S. 17.

114 Vgl. Ebenda, S. 240.

115 Derrida, Jacques: Husserls Weg in die Geschichte am Leitfaden der Geometrie. Ein Kommentar zur Beilage III der »Krisis«. In: Übergänge. Texte und Studien zu Handlung, Sprache und Lebenswelt, Band 17, hg. Von Grathoff, Richard/ Waldenfels, Bernhard, München 1987, S. 40.

116 Derrida: Positionen, S. 114.

hat: Grammatologie, also die Wissenschaft vom ‚gramma' (= neuer Schriftbegriff, den Derrida größtenteils mit *differánce* gleichsetzt), besagt zum einen: „[K]ein Element kann je die Funktion eines Zeichens haben, ohne auf ein anderes Element, das selbst nicht präsent ist, zu verweisen“.[117]

Gleichzeitig wird diese Behauptung noch in den Worten gesteigert: „Es gibt durch und durch nur Differenzen und Spuren“[118] (mit Spuren bezeichnet Derrida die endlose Kette der Verweise von einem Zeichen oder Text auf ein/en anderes/n). Somit sagt auch jede geschriebene Geschichte viel mehr, als ihre Intention[119] bedacht hat: „Zwischen gesprochener Sprache und äußerer Gestik (geschriebener Spur) entsteht so ein ‚Verhältnis wechselseitiger und unaufhörlicher Suplementariät'.“[120] Damit „kann die historische Originalität erzählter Wahrheit nur die eines Mythos sein“, gleichzeitig ist sie aber nach Husserl die „Tradition der Wahrheit tiefste und reinste Geschichte“[121]. Der Sinn, dem Derrida keine Präsenz zuschreibt, sondern ein geschichtliches Werden, betrifft aber nur die „*innere* Geschichtlichkeit“, da in der „*äußeren* Geschichtlichkeit“ keine Wahrheit von einem Schriftstück abhängt oder konstruiert wird.[122] Der Leser kann die vorhandenen Sedimentierungen des Textes, „die auf Eis gelegten Intentionen und intentionalen Sinne“,[123] die sich stufenweise übereinander ablagern, durch „Reaktivierung“[124] offenlegen. Dennoch bleibt es die optionale Freiheit des Einzelnen, den konstruierten Sinn zu deuten. Schließlich verneint Derrida die Existenz jeglichen Ursprungs.[125] Noch einen Schritt weiter würde uns an dieser Stelle die Frage führen, ob selbst innere Geschichte überhaupt allgemeingültige Tatsachen festhalten kann, wenn man Derridas Subjekt-Kritik betrachtet: „Das Subjekt meint, wenn es Ich sagt, eine Interpretation von sich.“[126] Denn mit dieser Aus-

117 Derrida: Positionen, S. 66.
118 Derrida: Positionen, S. 67.
119 Der Begriff der Intention wird hier bewusst ohne handelndes Subjekt verwendet, da dieses Wort im Zusammenhang mit Derrida auch so schon problematisch scheint.
120 Kimmerle: Derrida, S. 41.
121 Derrida: Husserls Geometrie, S.78.
122 Vgl. Ebenda, S. 126.
123 Ebenda, S. 131.
124 Ebenda, S. 132.
125 Vgl. Kimmerle, S. 42
126 Vgl. Kimmerle, S. 48.

sage wird jedem Autor Objektivität abgesprochen – und auch jedem wissenschaftlichen Leseerlebnis.

Diese Infragestellung des Subjekts führt uns direkt zu Derridas Einstellung gegenüber dem eigenen Schaffen oder möglicher Objektivität:

Wenn das Subjekt bereits immer das „interpretierte und interpretierende Subjekt"[127] ist, wie soll dann ein objektiver Text möglich sein? Der schaffende Autor ist nicht vorhanden. „Die Subjektivität ist – ebenso wie die Objektivität – eine Wirkung der *différánce*, eine in das System der *différánce* eingeschriebene Wirkung."[128] Aber streng an seinem Vorbild Husserl orientiert, sieht Derrida Subjektivität als Notwendigkeit der Geschichte: „Nur eine gemeinschaftliche Subjektivität kann das historische System der Wahrheit erzeugen und als Ganzes verantworten."[129] Es gibt also keine evidenten Tatsachen, sondern nur durch die „intersubjektive Zirkulation"[130] kann man zu einer „idealen Objektivität"[131] gelangen. Dies geschieht in drei Stufen: Zunächst löst sich das Wort von seinen sinnlichen, phonetischen und graphischen Verkörperungen, danach folgt die Stufe der Sinneseinheit, in der ein Objekt in allen Sprachen erfasst werden kann, und schließlich kommt es zur Idealität des Gegenstandes selbst und es besteht keine Verbindung des Gegenstandes zur Realität mehr.[132] Ob man diesen Erläuterungen Derridas nun zustimmen kann oder nicht, so bleibt doch die Erkenntnis, wie eng Derrida Sprache bzw. Schrift – die „endgültige Objektivierung"[133] – mit Geschichtsdenken und Geschichtemachen verknüpft. Für die Wissenschaft fordert er zudem noch Univozität, also Gleichdeutigkeit eines Wortes in verschiedenen Zusammen-hängen, statt Äquivozität, also Vieldeutigkeit.[134] Er ist sich aber bewusst, dass absolute Univozität eine Illusion bleiben muss: „Wenn Äquivozität faktisch nie reduzierbar ist, so weil Wörter und Sprache nie absolute *Gegenstände* sind und es auch nie sein können."[135]

Auf die Einheit der Erzählung einzugehen, wäre im Falle Derridas ineffektiv. Man kann jedoch festhalten, dass er nicht an die eine große Ge-

127 Völkner: Derrida und Husserl, S. 68.
128 Derrida: Positionen, S. 70.
129 Derrida: Husserls Geometrie, S. 79.
130 Ebenda, S. 85.
131 Ebenda, S. 92.
132 Vgl. Derrida: Husserls Geometrie, S. 92 ff.
133 Ebenda, S. 117.
134 Vgl. Husserls Geometrie, S. 135 ff.
135 Vgl. Husserls Geometrie, S. 138.

schichte glaubt, sondern an „verschobene, differenzierte Geschichten."[136]

Das schließt sogleich auch eine kontinuierliche Erzählung aus. Denn beides wäre Geschichte des Sinns, ebenso wie die Frage nach dem Telos, das Derrida genau wie die damit verbundene „logozentrische[...], metaphysische[...] und idealistische[...] Darstellungsform"[137] von Geschichte negiert.

Die Gegenwart ist für Derridas Methodologie durch die aktive Bedeutung der *differánce* sehr wichtig: Da die Präsenz der Gegenwart erst im Nachhinein möglich ist,[138] konstituiert sich auch Bedeutung für die Dekonstruktion aus vergangenen oder künftig möglichen Bedeutungen. Dies schafft ein „räumliches Intervall, in dem die Gegenwart sich von sich selbst unterscheidet."[139] Derrida selbst sagt: „Die Gegenwart tritt weder als Bruch mit einer Vergangenheit noch als deren Wirkung auf, sondern als Retention einer vergangenen Gegenwart, d.h. als Retention der Retention,...".[140] Geschichte und Kultur fungieren nach dieser Erklärung als Aufbewahrungsakteure vergangener Bedeutungen, da das lebendige Bewusstsein endlich ist.[141] Im Vergleich zu Foucaults positivem Ansatz hat Derrida also eine eher negative Einstellung zur Chance, wirkliche Erkenntnisse aus der Vergangenheit zu ziehen, denn alle Erinnerungen sind wieder Sedimentierungen und deshalb ist ihr Nutzen für das Jetzt von vornherein fraglich.

Geschichtswissenschaft und Literatur zu trennen, wird von Derrida zwar proklamiert, aber dies geschieht im Rahmen seines eigenen speziellen Denkens: Laut ihm ist der „Gegensatz zur Halluzination, wie zur Phantasie überhaupt, nicht unmittelbar die Wahrnehmung, sondern die Geschichte [...]; oder wenn man will, das Bewusstsein von Historizität und das Wiedererwecken der Ursprünge."[142] Auch verwahrt er sich gegen die „'Ablehnung der Geschichte', die man [ihm] gerne unterstellen möchte."[143]

136 Derrida: Positionen, S. 45.
137 Derrida: Positionen, S. 102.
138 Vgl. Völkner: Derrida und Husserl, S. 80.
139 Kimmerle: Derrida, S. 80.
140 Derrida: Husserls Geometrie, S. 75.
141 Vgl. Ebenda, S. 76.
142 Derrida: Husserls Geometrie, S. 60.
143 Derrida: Positionen, S. 105.

Dennoch scheinen diese Behauptungen im Rahmen seiner Frontstellung gegen die Metaphysik geäußert zu sein und nicht im Rahmen einer Fragestellung nach den Grenzen von Wissenschaftlichkeit, denn er denkt den Schritt zu einer literarischen Geschichte durchaus zu Ende, um ihn dann in das sprachliche oder poststrukturelle Problem aufzulösen:

> ...wenn man fragt, wie es um die Geschichtlichkeit der Geschichte bestellt ist, die es erlauben würde, auch Geschichten, die nicht auf die Realität einer allgemeinen Geschichte reduziert werden können, als Geschichten zu bezeichnen, dann handelt es sich eben nicht um den Rückgriff auf eine sokratische Fragestellung[144]. Es geht vielmehr darum zu zeigen, dass das Risiko einer Wiederaneignung durch die Metaphysik unvermeidbar ist.[145]

Nach seiner Infragestellung jeglicher Objektivität und Existenz einer vor-sprachlichen Welt wäre es allerdings nur folgerichtig, Derrida auch die Ablehnung jeglicher Geschichtsschreibung zu unterstellen. Aber die Dekonstruktion geht hier bereits einen Schritt weiter, indem sie erkennt: „[V]on der faktischen Geschichte abzusehen, heißt keineswegs, sich vor der Geschichte überhaupt zu verschanzen.“[146]

2.1.2.3 Relativismus bei Hayden White

Der amerikanische Geschichtsphilosoph Hayden White vertritt ebenso wie Derrida das Prinzip der Dekonstruktion. Inwieweit man in diesem Zusammenhang von Relativismus sprechen kann oder muss, kann sicherlich kontrovers diskutiert werden. Ich möchte am Schluss dieses Abschnittes noch einmal darauf zurückkommen. White betrachtet historische Texte, wie Reinhart Koselleck in seiner Einführung zu „Auch Klio dichtet“ (erstmals 1986 erschienen) feststellt, „unbeschadet ihrer wissenschaftlichen und künstlerischen Leistungen primär als Texte.“[147]
So leistet er seinen Beitrag zum ‚literary turn', da die Reflexion über Texte, die das Prinzip seiner Methodologie ist, ein „naives, ‚unschuldiges'

---

144 Anmerkung der Verfasserin: Es geht also nicht um die Frage: Was ist Wissenschaft?

145 Derrida: Positionen, S. 118 f.

146 Derrida: Husserls Geometire, S. 144.

147 White Hayden: Auch Klio dichtet oder Die Fiktion des Faktischen. Studien zur Tropologie des historischen Diskurses. In: Sprache und Geschichte, Band 10, hg. v. Koselleck,
Reinhart/ Stierle, Karlheinz. Stuttgart 1986, S. 2.

Leseverhalten"[148] ausschließt. In dieser Konsequenz lehnt White eine Unterscheidung von Geschichte und Metahistorie ab, da er die eine ohne die andere nicht für lebensfähig hält.[149] Er sagt zudem, dass der Begriff Geschichte an sich die Ambiguität beinhalte, nicht zwischen dem „Forschungsobjekt (die menschliche Vergangenheit) einerseits und dem Diskurs über dieses Objekt andererseits zu differenzieren."[150] Die Klassiker unter den historischen Werken des 19. Jahrhunderts haben nach White ihre Berechtigung nicht in ihrem ungebrochenen Wahrheitsgehalt, sondern in der Form ihrer Erzählung: „Es gibt etwas im historischen Meisterwerk, das nicht falsifizierbar ist, und dieses nicht falsizierbare Element ist seine Form, eine Form, die Fiktion ist."[151] Deshalb plädiert White auch für eine „reconstitution of history as a form of intellectual activity which is at once poetic, scientific, and philosophical in its concerns...".[152] Besonders wichtig wird in Whites Methodologie der Konstruktionscharakter von Geschichte, denn für ihn ist „Sprache nicht Spiegel der Wirklichkeit, sondern ein Baukasten zu ihrer ‚Rekonstruktion' oder ‚Repräsentation'(Vorstellung,Vergegenwärtigung, Bemächtigung)."[153] Ereignisse gelten dann als real, wenn die Erinnerung an sie besteht und sie sich chronologisch ordnen lassen. Somit sind Fakten nicht „weniger gefunden als hergestellt"[154], Geschichtserzählungen werden zu „sprachlichen Fiktionen"[155], die laut White nicht anders funktionieren als die „Verfahren, die wir normalerweise beim Aufbau einer Plotstruktur eines Romans oder eines *Dramas* erwarten."[156]

Diese Behauptung begründet er folgendermaßen: „Als semiologische Apparate [...] produzieren realistische *und* fiktionale Diskurse dadurch Bedeutung, dass sie Signifikate (konzeptuelle Inhalte) systematisch mittels außerdiskursiver Entitäten, die als Referenten fungieren, ersetzen."[157]

---

148 Wagner, Irmgard: Geschichte als Text. Zur Tropologie Hayden Whites. In: Geschichtsdiskurs. Band 1. Grundlagen und Methoden der Historiographiegeschichte, hg. v. Küttler, Wolfgang/ Rüsen, Jörn/ Schulin, Ernst. Frankfurt am Main 1993, S.214.

149 Vgl. White: Auch Klio dichtet, S. 66.

150 White, Hayden: Die Bedeutung der Form. Erzählstrukturen in der Geschichtsschreibung. Frankfurt am Main 1990, S. 76.

151 White: Auch Klio dichtet, S. 111.

152 White, Hayden: Metahistory. The historical imagination in nineteenth-century Europe. Baltimore 1974, S. XII.

153 Simon: Historiographie, S. 279.

154 White: Auch Klio dichtet, S. 54.

155 Ebenda, S. 102.

156 White: Auch Klio dichtet, S. 104, Hervorhebungen durch die Verfasserin.

157 White: Bedeutung der Form, S. 8.

Dies geschieht nach White zunächst durch Wahl einer der vier Tropen: Metapher, Metonymie, Synekdoche und Ironie. Tropen sind „strukturierende Momente eines Textes, und da ihre spezifische Funktion das In-Beziehung-Setzen ist, [...] hat man sie sich als dynamische Strukturprinzipien [...] vorzustellen."[158] Auf eine ausführliche Charakterisierung muss hier verzichtet werden, man möge sich mit der kurzen Definition begnügen, dass Metaphern stets Vergleichbarkeit der Geschichte ausdrücken, Metonymien eine Einheit in ihre Bestandteile zerlegen, Synekdochen vom Teil zum Ganzen der Geschichte streben und Ironie zwischen diesen allen als Aufrufung von Gegensätzen fungiert.[159] Neben diesem Überbau muss ein Historiker – wie jeder andere Autor – einen weiteren Schaffensvorgang durchlaufen, um seiner Erzählung Sinn zu geben: „ästhetisch (mit der Wahl eines narrativen Verfahrens), epistemologisch (mit der Wahl eines Erklärungsverfahrens) und ethisch (mit der Wahl [...] ideologische[r] Implikationen)."[160] Die Möglichkeiten, die dem Historiker dabei laut White zur Verfügung stehen, lassen sich in folgender Tabelle ausdrücken:

Tabelle 1[161]

Form der Plotstruktur (mode of emplotment)	***Form der Erklärung (mode of explanation)***	***Form der ideologischen Implikation (mode of ideological implication)***
Romanze	idiographisch	anarchistisch
Komödie	organizistisch	konservativ
Tragödie	mechanistisch	radikal
Satire	kontextualistisch	liberal

Dabei betont White ausdrücklich, dass die Kombinationen nicht notwendig wie in der Tabelle gegeben sein müssen, sondern dass die großen

158 Wagner: Geschichte als Text, S. 214.
159 Vgl. Wagner: Geschichte als Text., S. 216 f./ White: Metahistory, S. 31 ff.
160 White: Auch Klio dichtet, S. 92.
161 White: Auch Klio dichtet, S. 93.

historischen Erzählungen gerade von der Spannung zwischen den Feldern leben.[162] Die Wahl der Plotstruktur ist „eine Interpretation der Geschichte [...], so dass sich ihr Charakter als verstehbarer Prozess durch die Anordnung als *eine Geschichte ganz bestimmter Art* [...] offenbart."[163] In Kürze auch dazu eine Definiton der einzelnen ‚emplotments': Die Romanze ist eine Geschichte des Sieges von Gut über Böse. Die Komödie bietet die Hoffnung auf einen Sieg, wenn es zur Versöhnung mit den Naturmächten kommt. Die Tragödie schildert den Untergang des Helden, ohne dabei völlig aussichtslos zu scheinen. Die Satire enttäuscht alle Erwartungen des Lesers, die durch die drei anderen Plotstrukturen hervorgerufen werden.[164] Die Erklärungsmodelle werden im Werk Whites immer wieder mit Beispielen versehen, so wird Rankes Geschichte als Komödie mit organizistischer Erklärung aufgefasst. Das organizistische Erklärungsmodell versucht einen Zusammenhang zwischen einem besonderen historischen Ereignis und großen Entwicklungen herzustellen. Das idiographische Modell will bestimmte Ereignisse verdeutlichen, indem es ihre Einheiten herausarbeitet. Das kontextualistische Modell verallgemeinert Ereignisse, um sie im Rahmen so entstandener Kontexte zu erfassen. Das mechanistische Modell versucht schließlich die Ereignisse auf Gesetze von Ursache und Wirkung, die universale Gültigkeit haben, zurückzuführen.[165] Die ideologische Implikation als vom Autor wählbar darzustellen, wäre wohl verfehlt – deshalb führt uns dieser Punkt direkt zu Whites Vorstellung von Objektivität:
White definiert Ideologie als „a set of prescriptions for taking a position in the present world of social praxis and acting upon it (either to change the world or to maintain it in its current state)."[166] Die radikale und die anarchistische Position fallen dabei in die erste Kategorie, während konservative und liberale Implikationen ein Interesse an der Erhaltung des Systems beinhalten.
Objektivität wird damit unmöglich, denn White meint außerdem : „[T]here are no apodictically certain theoretical grounds on which one can legitimately claim an authority for any one of the modes to be more

162 Vgl. White: Metahistory, S. 29.
163 White: Auch Klio dichtet, S. 75.
164 Vgl. White: Metahistory, S. 8 f. / Lorenz: Konstruktion der Geschiche, S. 172 f.
165 Vgl. White: Auch Klio dichtet, S. 84 ff./ Lorenz: Konstruktion der Geschichte, S. 173 f.
166 White: Metahistory, S. 22.

'realistic'.“[167] Es geht also gar nicht mehr um Objektivität, sondern um die Frage der Autorität der Geschichte, die einem nach White stets bewusst sein sollte.[168] Selbstreflexivität wird dabei unverzichtbar. Der Vorwurf, Whites Methodologie stelle alles in Frage außer sich selbst,[169] ist meiner Meinung nach nicht haltbar, wenn der Geschichtsphilosoph im Vorwort zu „Metahistory“ seine eigene Darstellung ausdrücklich als ironisch bezeichnet.[170] White interessiert sich für die „Konstituierung von ‚Realität' im Denken“[171], also für den Prozess der Objektivierung.

Die Frage der Einheit in der Erzählung ist durch die Beleuchtung der einzelnen Plotformen oben eigentlich bereits beantwortet, die folgende Frage Whites präzisiert seine Ansichten jedoch noch einmal: „Präsentiert sich die Welt der Wahrnehmung denn wirklich in der Gestalt gut konstruierter Geschichten mit zentraler Thematik, richtigen Anfängen, Mittelteilen und Schlüssen und einer Kohärenz, die uns erlaubt, in jedem Anfang bereits das ‚Ende' zu erkennen?“[172] Während er die Strategien analysiert, mit denen die Lücken in der Erzählung aufgefüllt werden, plädiert White außerdem geradezu dramatisch für eine „Geschichte, die uns an Diskontinuität gewöhnt; denn Diskontinuität, Auflösung und Chaos ist unser Schicksal.“[173]

Da White sehr kritisch zu dem Selbstbild der Historiker des 19. Jahrhunderts steht, die seiner Meinung nach unreflektiert und nach alten, unzeitgemäßen Methoden arbeiteten, erfüllt sein Ideal des Historikers derjenige, der die „Befreiung der Gegenwart von der *Last der Geschichte*“[174] bewerkstelligen kann.

Er warnt davor, Geschichte als „Selbstzweck“[175] zu treiben oder als Mahnmal für die Menschen zu sehen,[176] sondern fordert den Historiker auf, am kulturellen Dialog der Gegenwart teilzunehmen, um die Zukunft zu gestalten. Dies kann nach Whites Auffassung nur gelingen, wenn der Historiker „die Fragen ernstnimmt, von denen Kunst und Wissenschaft

---

167 White: Metahistory, S. Xii.
168 Vgl. White: Bedeutung der Form, S. 25 f.
169 Vgl. z.B. Lorenz: Konstruktion der Geschichte, S. 177.
170 Vgl. White: Metahistory, S. Xiii.
171 White: Auch Klio dichtet, S. 34.
172 White: Bedeutung der Form, S. 38.
173 White: Auch Klio dichtet, S. 62.
174 Ebenda, S. 51.
175 White: Auch Klio dichtet, S. 52.
176 Vgl. Ebenda, S. 60.

seiner eigenen Zeit fordern, dass er sie an das von ihm gewählte Untersuchungsmaterial stellt."[177]

Dieses Zitat und die Auffassung, man könne narrative Geschichte stets nach vier – eigentlich literaturwissenschaftlichen – Plotstrukturen ordnen, sagt bereits viel aus über Whites Einstellung zur Trennung von Geschichtswissenschaft und Literatur. Dabei möchte White historische Erzählung gerne verstanden wissen als „Allegorie [...], das heißt: sie *sagt* etwas und *meint* etwas anderes."[178] Diese Definition schließt aber zugleich Kriterien wie fiktiv oder faktisch aus. Die strikte Trennung von Kunst und Wissenschaft hält er für überholt.[179] Beide leben nach White von der „Sinnstiftung"[180] durch einen Autor. Diese Tatsache verstellt aber noch nicht dem Glauben an Erkenntnisgewinn durch Geschichtsschreibung den Weg.

> Es würde ihn nur mindern, wenn wir der Ansicht wären, dass die Literatur uns nichts über die Wirklichkeit lehrte, sondern Produkt einer Phantasie sei, die nicht von dieser Welt, sondern von einer anderen, nichtmenschlichen Welt wäre.[181]

Chris Lorenz beschreibt Whites Textualismus als „radikale Form des *Relativismus*".[182] Dies liegt begründet darin, dass White der Ansicht ist, es gebe nicht nur eine Erzählung der Geschichte, sondern immer unendlich viele Sichtweisen[183] – also auch unendlich viele Repräsentationsmöglichkeiten. Zwar wird diese Offenheit durch die Tropologie und die drei Modi der Erzählstruktur bereits eingeschränkt, doch bleibt ihre Grundtendenz erhalten.

Die Frage ist nur, inwieweit man darin etwas Negatives sehen muss und ob unsere heutige Gesellschaft nicht längst zu der Erkenntnis gekommen ist, dass alle Wahrheit relativ ist.

---

177 White: Auch Klio dichtet, S. 52.
178 White: Die Bedeutung der Form, S. 62.
179 Vgl. White: Auch Klio dichtet, S. 37/ 40/ 120.
180 Ebenda, S. 121.
181 Vgl. White: Auch Klio dichtet, S. 121.
182 Lorenz: Konstruktion der Vergangenheit, S. 177.
183 Vgl. White: Auch Klio dichtet, S. 58.

3. Zwischenfazit: Grenzen und Übergänge zwischen Geschichtsschreibung und Geschichtsdrama

Zusammenfassend lässt sich feststellen, dass sich von Ranke bis White die Forderungen an die Geschichtsschreibung immer mehr von der empirischen Wissenschaft entfernen. Ab der Moderne gewinnt das Thema der Macht und ihrer Konstruktion durch Wissen zunehmend an Bedeutung. Dadurch bedingt wächst auch das Interesse an der Ausrichtung der Geschichtswissenschaft auf die Gegenwart – verbunden mit einer Abkehr vom Historismus geprägten Ewigkeitsstatus der historischen Erkenntnis. Die Forderungen nach Einheit, Telos und Kontinuität verlieren sich nach dem zweiten Weltkrieg vollständig. Vielmehr tritt die Hinterfragung der Objektivität und der narrativen Mittel zu deren Entstehung in den Vordergrund. Es soll an dieser Stelle nur kurz darauf hingewiesen werden, dass das Problem der Parteilichkeit – vor allem unter den Historikern – zu Beginn des Diskurses, also in den 1960er und 1970er Jahren, besonders heftig diskutiert wurde. Dabei nahmen die einen in Frontstellung zum Relativismus die Position ein, man schade der Wissenschaft Geschichte durch diese Fragestellung nur und müsse sich auf die Trennung zur Kunst berufen,[184] die anderen sahen in der Metawissenschaft eine unumgängliche Forderung der Zeit und glaubten, die „'Entzauberung' der Geschichte [...] als Ausgangsbasis allen künftigen Reflektierens über die theoretischen Grundlagen geschichtlicher Erkenntnis“[185] hinnehmen zu müssen. Die Diskussion über mögliche Objektivität erfasste am Ende des 20. Jahrhundert auch andere Wissenschaften, so zum Beispiel die Soziologie:

„Die Wirklichkeit der Alltagswelt ist nicht nur voll von Objektivationen, sie ist vielmehr nur wegen dieser Objektivationen wirklich.“[186] Ebenso kam man in der Ethnologie zu dem Schluss: „Sie [die ethnologischen Schriften] sind Fiktionen, und zwar in dem Sinn, dass sie ‚etwas Ge-

184 Vgl. Patzig, Günther: Das Problem der Objektivität und der Tatsachenbegriff. In: Beiträge zur Historik. Band 1: Objektivität und Parteilichkeit in der Geschichtswissenschaft. Hg v. Koselleck, Reinhart/ Mommsen, Wolfgang J./ Rüsen, Jörn. München 1977.

185 Mommsen, Wolfgang J.: Der perspektivische Charakter historischer Aussagen und das Problem von Parteilichkeit und Objektivität historischer Erkenntnis. In: Beiträge zur Historik. Band 1: Objektivität und Parteilichkeit in der Geschichtswissenschaft. Hg v. Koselleck, Reinhart/ Mommsen, Wolfgang J./ Rüsen, Jörn. München 1977, S. 449.

186 Berger, Peter L./ Luckmann, Thomas: Die gesellschaftliche Konstruktion der Wirklichkeit. Eine Theorie der Wissenssoziologie. Frankfurt am Main 2004. S. 37

machtes' sind, ‚etwas Hergestelltes' – die ursprüngliche Bedeutung von *fictio* –, nicht in dem Sinne, dass sie falsch wären, nicht den Tatsachen entsprächen oder bloße Als-ob-Gedankenexperimente wären."[187] Mit dieser Definition von Clifford Geertz sollte sich auch die Geschichtswissenschaft anfreunden können. Darüber hinaus ist es vielleicht an der Zeit, Objektivität heute nicht mehr mit Unparteilichkeit, sondern mit Allgemeingültigkeit zu übersetzen[188], obwohl oder gerade weil dies einen weiten Deutungsraum offenlässt für alle Erkenntnis, die nicht nur individuellen Charakter hat. Geschichtsschreibung ohne Metawissenschaft ist in jedem Falle unmöglich geworden, falls sie wissenschaftlich arbeiten möchte.

Während die Grenzüberschreitung zwischen Wissenschaft und Literatur im Historismus noch gefürchtet war, wurde sie, bedingt durch die oben angeführten Erkenntnisse, immer mehr zu einer unumgänglichen Tatsache. Ausgehend von Nietzsches positiver Deutung der Kunst, die über der Historie stehe, wurde der Fiktionscharakter in der Postmoderne nach und nach zum tragenden Beweis für die Ähnlichkeit der beiden Disziplinen. Wichtig und wirksam bleibt dabei immer die eigene Zuordnung des Autors zum Bereich der Wissenschaft oder der Kunst, denn dabei gibt er sich entweder die Verpflichtung, fachspezifische Kriterien zu erfüllen oder er will vom Leser die Lizenz für absolute Freiheit in der Darstellung erwerben.

Für das Drama ist in diesem Zusammenhang entscheidend, dass es wie alle hergestellten Texte „kulturelle und rituelle Bedeutungen nicht einfach abbilde[t] und fixier[t], sondern über einen Prozess der Symbolisierung und Neukodierung oftmals erst herausbilde[t] und eigenwillig veränder[t]."[189]

Mit anderen Worten heißt dies: auch Geschichte ist im Drama keine Abbildung der Wirklichkeit, aber gerade die „Verknappung und Erhöhung [einer oder *der* Geschichte kann bewirken], dass sich daran die Strukturen einer Idee freilegen lassen."[190] Dies sollten wir bei der näheren Betrach-

187 Geertz, Clifford: Dichte Beschreibung. Beiträge zum Verstehen kultureller Systeme. Frankfurt am Main 1994, S.23.

188 Vgl. Patzig: Das Problem der Objektivität, S. 322.

189 Bachmann-Medick, Doris: Kulturelle Spielräume: Drama und Theater im Licht ethnographischer Ritualforschung. In: Kultur als Text. Die anthropologische Wende in der Literaturwissenschaft. Frankfurt am Main 1996, S. 99.

190 Schlaffer, Heinz: Poesie und Wissen. Die Entstehung des ästhetischen Bewusstseins und der philologischen Erkenntnis. Frankfurt am Main 2005, S. 241.

tung der Gattung Geschichtsdrama im Auge behalten, denn wenn man bedenkt, dass die Entwicklung der Geschichtswissenschaft dahingehend verläuft, dass auch sie sich immer mehr solcher „'Paradigmen' wie Diskurs, Dialog und Polyphonie“[191] bedient, so ist der Weg hin zum Drama, das einen historischen Stoff behandelt, nicht mehr weit. In beiden Fällen ist es „der Autor oder die Autorin, welche die Zügel in der Hand hält, *Regie führt* und den Dialog nach eigenen Schwerpunkten auswählen und wiedergeben kann.“[192]

Das Drama, das sich mit der Darstellung von Geschichte befasst, soll hier unter den extensiven Gattungsbegriff gefasst werden. Daher wird auch eine Unterscheidung zwischen ‚Geschichtsdrama' und ‚historischem Drama' verworfen, denn so können alle Spielarten der Gattung erfasst werden.[193] Geschichtsdramen sind somit alle Dramen, die sich mit Geschichte oder der Darstellung von Geschichte befassen, wobei auch der Übergang zum Zeitstück fließend bleibt. Und noch etwas angenähert an die aktive Rolle, die der Geschichtsschreibung in der Gesellschaft zugestanden wird, könnte man sagen: „Versteht man Literatur als die authentische *Gedächtniskammer* der Menschen und der Menschheit, so sind die Geschichtsdramen poetische und das heißt auch humane Destillationen des Geschichtswissens und der Geschichtserfahrung ihrer Zeit.“[194]

Da Dramen immer auf Inszenierung ausgelegt sind, muss man stets beachten, dass jede Inszenierung die Aussageabsichten des Autors verdeutlichen, verändern oder gar negieren kann. Der Aspekt der Bühne soll in dieser Arbeit nur insoweit eine Rolle spielen, als er von Brecht stets mitgedacht wird.

Auf mögliche Umsetzungen in der Inszenierung kann also nicht weiter eingegangen werden, aber die damit entstehende Vieldeutigkeit jeder Szene sei an dieser Stelle ausdrücklich hervorgehoben.

Zunächst möchte ich nun Kriterien nennen, an denen man das typische Geschichtsdrama erkennen kann. Diese Kennzeichen sollen typisieren –

---

191 Bachmann-Medick: Cultural turns, S. 155.

192 Ebenda, S. 156, hervorgehoben durch die Verfasserin.

193 Düsing, Wolfgang: Einleitung. Zur Gattung Geschichtsdrama. In: Mainzer Forschungen zu Drama und Theater. Band 19: Aspekte des Geschichtsdramas. Von Aischylos bis Volker Braun. Hg. v. Düsing,Wolfgang. Tübingen/ Basel 1998, S. 2 ff.

194 Schröder, Jürgen: Geschichtsdramen. Die „deutsche Misere“ – von Goethes *Götz* bis Heiner Müllers *Germania*. Eine Vorlesung. In: Stauffenberg Colloquium. Band 33. Tübingen 1994, S. 7.

ob sie jedoch auf „Arturo Ui" zutreffen, wird im Weiteren noch zu untersuchen sein.

Geschichtsdramen sind meist gegen die Machthaber bzw. die Machtstruktur einer Zeit geschrieben. So haben sie schon immer „auf das Verdrängte und Uneingelöste der Geschichte und – auf ihre *Opfer*, die Verlierer aufmerksam gemacht."[195] Man kann sie deshalb als „ästhetische Kompensation politischen Versagens"[196] betrachten (z.B. „Dantons Tod" von Büchner). Wobei beachtet werden muss, dass es sowohl zu Horizontverschmelzungen als auch Horizontdifferenzierungen kommen kann, also die Darstellung der geschichtlichen Zusammenhänge entweder konträr oder gerade in einem Anachronismus zu den Verhältnissen der eigenen Zeit steht.[197] Dabei treten besonders häufig Darstellungen „auf dem Hintergrund einer Zeitenwende"[198] auf. Charakteristisch ist zudem, dass meist ein historisches Individuum im Mittelpunkt steht.[199] Bei späteren Abweichungen von diesem Trend des Geschichtsdramas handelt es sich auch immer um Abweichungen im Individualitätsverständnis der Zeit, z.B. tritt das Proletariat in marxistischen Stücken als einheitliche Gruppe an die Stelle des handelnden Subjektes.[200] Oftmals ist somit auch nicht nur das Individuum, sondern mit ihm die Identitätssuche, die für die Literatur des 20. Jahrhunderts und im Zusammenhang mit Geschichte ohnehin immer bedeutender wird, ein zentrales Merkmal des Geschichtsdramas. Außerdem thematisieren Geschichtsdramen in sich häufig den fiktiven Charakter aller Geschichtsschreibung. Jürgen Schröder gesteht ihnen sogar die „Funktion einer Metageschichte"[201] zu.

Die Entwicklung des Geschichtsdramas in Deutschland greift wie überall auf Vorbilder der Antike, z.B. Aischylos, und auf Shakespeares große Geschichtsdramen zurück. Intensivere Beachtung findet sie in Deutschland erst mit der Aufklärung und damit vor allem mit der Theorie Lessings. Diese wie die folgenden klassischen Umsetzungen Goethes und Schillers müssen hier Andeutungen bleiben. Es sei auf Stücke wie „Götz von Berlichingen", „Don Carlos" und Kleists Gegenbewegung mit dem „Prinz von Homburg" hingewiesen. Die aristotelischen Regeln treten in

195 Schröder: Geschichtsdramen S. 7.
196 Ebenda, S. 23.
197 Vgl. Düsing: Aspekte des Geschichtsdramas, S. 5 f.
198 Ebenda, S. 7.
199 Vgl. z.B. „Egmont" von Goethe oder „Wallenstein" von Schiller.
200 Düsing: Aspekte des Geschichtsdramas„ S. 12.
201 Schröder: Geschichtsdramen, S. 8.

der Hochphase des Geschichtsdramas bereits in den Hintergrund, denn „wer die Welt als universale Geschichte in ihrer eigenen immanenten Gesetzlichkeit erlebte, konnte sie nicht mehr in das Gefängnis eines einheitlichen Schauplatzes von 24 Stunden und einer einzigen kontinuierlichen Handlung sperren".[202] Sowohl die Romantik als auch das Junge Deutschland nutzten das Geschichtsdrama noch für ihre politischen Zwecke, erst im Wilhelminischen Reich verkam es zu „Herrscherlob und zur Staatspanegyrik".[203] Obwohl die „Ehrfurcht vor der Geschichte"[204] spätestens nach dem Zweiten Weltkrieg, aber eigentlich schon mit Nietzsche, verloren gegangen war, konnte sich das Geschichtsdrama in Besinnung auf seine ursprünglichen Charakterzüge wieder erholen. Als große Wende der Entwicklung ist zuletzt noch 1989 zu nennen, denn mit dem Wegfall der großen Gegensätze von Ost und West entstanden neue Orientierungsprobleme, die vorher durch die vorgefertigten Muster von „rechts und links, gut und böse, Freund und Feind"[205] auf beiden Seiten unnötig erschienen. Bertolt Brechts „Arturo Ui" liegt noch deutlich in diesem Spannungsfeld. Außerdem ist eine fortschreitende Entwicklung weg von der reinen Tragödie hin zur Groteske oder tragischen Komödie zu beobachten, die wiederum gut an Brechts Satire nachvollziehbar ist.

Gegenüber der Geschichtsschreibung spielt die Ästhetik für das Geschichtsdrama eine noch größere Rolle. Mit den Worten Friedrich Sengles gilt daher auch für Brechts Verständnis von Geschichte: „[D]as ‚Wahre' lässt sich nicht von dem ‚Schönen' trennen".[206]

---

202 Schröder: Geschichtsdramen, S. 22.
203 Ebenda, S. 25.
204 Sengle, Friedrich: Das deutsche Geschichtsdrama. Geschichte eines literarischen Mythos. Stuttgart 1952, S. 2.
205 Schröder: Geschichtsdramen, S. 1.
206 Sengle: Geschichtsdrama, S. 2.

4. Bertolt Brecht

4.1 „Der Zweck macht den Stil“[207] – Bertolt Brechts Theatertheorie

4.1.1 Das Geschichtsbild Brechts

Es ist unmöglich, Bertolt Brechts Dramen verstehen zu wollen, ohne sein Geschichtsbild zu kennen. Für ihn ist Geschichte nichts, was man neutral erzählen könnte oder sollte – seine Dramen stellen einen subjektiven Blick auf Geschichte dar, durch den er eine Wahrheit vermitteln will, die er für universal gültig hält.

4.1.1.1 Praktischer Marxismus

1928 schreibt der damals einunddreißigjährige Bertolt Brecht: „Als ich ‚Das Kapital' von Marx las, verstand ich meine Stücke.“[208] Dass Brecht spätestens ab Anfang der dreißiger Jahre Kommunist war, ist eine unumstößliche Tatsache, die trotzdem in der Forschung (besonders während des Kalten Krieges im Westen) allzu gerne eingeschränkt oder übersehen worden ist. Man versuchte, seine Stücke „ideologisch [zu] bagatellisieren“[209]. Viel schwieriger ist jedoch die Frage, inwieweit sich Brecht zu seiner Zeit mit den offiziellen Vertretern des Kommunismus, also der KPD in Deutschland und der UdSSR insgesamt, identifizierte. Diese Frage nimmt ihren Ursprung bei der Deutung seines Marxismus-Bildes: Es gibt auf der einen Seite Wissenschaftler, die meinen, „er orientierte sich am Marxismus als einem (zumindest öffentlich) unbezweifelten weltanschaulichen und politischen Ordnungssystem“.[210] Interessant ist hierbei natürlich die offensichtliche Einschränkung auf die Öffentlichkeit.

---

207 Brecht, Bertolt: Schriften. In: Bertolt Brecht. Ausgewählte Werke in sechs Bänden. Sechster Band, Frankfurt am Main 2005, S. 86.

208 Brecht: Schriften, S. 69.

209 Grimm, Reinhold: Bertolt Brecht. Die Struktur seines Werkes. In: Erlanger Beiträge zur Sprach- und Kunstwissenschaft, Band V, hg. v. den Philologischen Seminaren und dem Kunstgeschichtlichen Seminar der Universität Erlangen-Nürnberg, Nürnberg 1972, S. 75.

210 Thomsen, Frank/ Müller, Hans-Harald/ Kindt, Tom: Ungeheuer Brecht. Eine Biographie seines Werkes. Göttingen 2006, S. 9.

Auf der anderen Seite gibt es Brecht-Forscher, die vor allem betonen, dass „*der* Kommunismus, dem sich Brecht zugewandt hätte, gar nicht existierte“[211] und auf die „dokumentierten Schwierigkeiten Brechts mit ostdeutschen und sowjetischen Kommunisten“[212] hinweisen. Beide Positionen lassen sich wie folgt zusammenfassen: Brecht war in seiner Gesamtpersönlichkeit viel zu sehr Widerstandsgeist, als dass er sich an ein festes Ordnungssystem gebunden hätte. Er ist niemals einer kommunistischen Partei beigetreten. Aber er glaubte an den Kommunismus von Marx, der ihm vor allem durch seinen langjährigen Freund Karl Korsch nähergebracht wurde, sowie durch die von ihm bewunderte Rosa Luxemburg, Fritz Sternberg und Erwin Piscator.[213] Es ist der Gedanke, die Revolution durch die „durch das Theater vermittelte[...] Aufklärung“[214] statt durch Organisation herbeizuführen, der Brecht zunächst vom Leninismus trennt und es ist das Prinzip der Dialektik, das im Gedankengut des Marxismus dazu führt, dass Brechts „Theorie der Praxis in den Rücken [fällt]“.[215] Allzu oft beruht die Wirkung seiner Arbeit eben nicht auf der parteitreuen Auslegung des Marxismus, sondern auf allgemeinmenschlichen Qualitäten der Stücke. Dem stimmt auch Burkhardt Lindner indirekt zu, wenn er behauptet: „Indem [Brecht] die immanente ästhetische Totalität des Kunstwerks zugunsten von Werkfragment und Realität aufbricht, distanziert er sich implizit von der Auffassung des Marxismus als geschlossene Weltanschauung.“[216] Dies liegt aber nicht in der Absicht Brechts. Seine „Neue Dramatik“, auf die später noch näher eingegangen wird, ist für ihn politisch motiviert:

„Der Schrei nach einem neuen Theater ist der Schrei nach einer neuen Gesellschaftsordnung.“[217] Marxismus ist für Brecht eine Lehre, die prak-

211 Müller, Klaus-Detlef: Die Funktion der Geschichte im Werk Bertolt Brechts. Studien zum Verhältnis von Marxismus und Ästhetik. In: Studien zur Deutschen Literatur, Band 7, hg. v. Richard Brinkmann / Friedrich Sengle/ Klaus Ziegler, Tübingen 1972, S. 22 f.

212 Müller: Funktion der Geschichte, S. 23.

213 Vgl. Ebenda, S. 23 ff.

214 Müller, Klaus-Detlef: Das Ei des Kolumbus. Parabel und Modell als Dramenformen bei Brecht ·Dürrenmatt · Frisch ·Walser. In: Beiträge zur Poetik des Dramas, hg. v. Werner Keller, Darmstadt 1976, S. 461.

215 Wittkowski, Wolfgang: Aktualität der Historizität: Bevormundung des Publikums in Brechts Bearbeitungen. In: Brechts Dramen · Neue Interpretationen, hg. v. Walter Hinderer, Stuttgart 1984, S. 353.

216 Lindner, Burkhardt: Bertolt Brecht: »Der aufhaltsame Aufstieg des Arturo Ui«. In: Text und Geschichte. Modellanalysen zur deutschen Literatur, Band 6, hg. v. Gert Sautermeister/ Jochen Vogt, München 1982, S. 78.

217 Brecht: Schriften, S. 66.

tisch angewandt werden muss, um das Ziel einer sozialistischen Gesellschaft zu erreichen.[218] Praktische Anwendung heißt aus seiner Position heraus: marxistisches Schreiben, um das Volk zu belehren: „Der neue Zweck heißt: Pädagogik."[219] Obwohl er im Rahmen seiner Definition des Lehrtheaters betont: „Wir sprachen nicht im Namen der Moral, sondern im Namen der Geschädigten"[220], ist es gerade „Brechts Moralismus"[221], der seine Dramen lebendig gehalten hat. Sein „auf Probleme der Lebenspraxis und Verhaltensorientierung bezogenes Philosophieren"[222], wobei „Brecht weitgehend Marxismus meint, wo er Philosophie sagt"[223], ist überzeitlich. Einen idealistischen Zug seiner Geschichtstheorie muss man im Hinblick auf die gesellschaftliche Praxis festhalten. Die sozialistische Utopie hat Brecht aber zumindest in seinen Dramen nie gestaltet (in der Lyrik finden sich vereinzelte, meist propagandistische Gedichte zum Sozialismus). Dies hängt laut Klaus-Detlef Müller direkt mit dem Realismusverständnis Brechts zusammen.[224] „Die beste Art, sich zu benehmen, herauszufinden"[225] , wie es der ‚Messingkauf' als Ziel des Theaterphilosophen deklariert, war für Brecht aber eben nie bloße Verhaltenslehre, sondern diese Verhaltenslehre war immer praktisch angewandter Marxismus. Diese „nicht geschlichtete Differenz von politischer und künstlerischer Avantgardebewegung"[226] macht das Faszinosum Brecht aus und macht gleichzeitig sein Werk angreifbar. Diese Arbeit kann nicht der Ort sein, um Brechts politische Ansichten zu bewerten, es soll aber erwähnt werden, dass besonders sein parteitreues Verhalten nach seiner Rückkehr nach Ostberlin vielfach auf starke Kritik gestoßen ist.

Interessant ist dieser Punkt deshalb, da Brechts utopische Marxismustheorie, die den Hitler-Stalin-Pakt überlebt hatte, hier auf die Praxis politischer Umsetzung traf. Noch 1938 hat Walter Benjamin berichtet, dass

---

218 Brecht: Schriften, S. 140.

219 Ebenda, S. 81.

220 Ebenda, S. 198.

221 Wittkowski: Aktualität der Historizität, S. 352.

222 Gerz, Raimund: Bertolt Brecht und der Faschismus. In den Parabelstücken Die Rundköpfe und die Spitzköpfe, Der aufhaltsame Aufstieg des Arturo Ui und Turandot oder der Kongreß der Weißwäscher. Rekonstruktion einer Versuchsreihe. Bonn 1983, S. 14.

223 Müller: Funktion der Geschichte, S. 33.

224 Vgl. Ebenda, S. 178 f.

225 Brecht, Bertolt: Schriften zum Theater 5. 1937 – 1951. Der Messingkauf. Übungsstücke für Schauspieler. Gedichte aus dem Messingkauf. Frankfurt am Main 1963, S. 18.

226 Lindner: Arturo Ui, S. 79 f.

Brecht der russischen Entwicklung mit „skeptische[r] Betrachtung“[227] folge. Hannah Arendt bemerkt, dass Brecht in der DDR mit einem „das Groteske streifenden, doktrinären Eigensinn“[228] an der kommunistischen Ideologie festhält. Zwar leistet er sich immer wieder offene Widersprüche gegen die Parteilinie, aber er tut dies in der Absicht, die Partei zu bestärken. Vom Marxismus kommend glaubt er nämlich an einen Kommunismus, der nicht nur theoretisch bleibt: Die marxistische Lehre „lehrt eingreifendes Denken gegenüber der Wirklichkeit, soweit sie dem gesellschaftlichen Eingriff unterliegt. Die Lehre kritisiert die menschliche Praxis und lässt sich von ihr kritisieren.“[229] So ist Brechts große Tugend, die „unwillkommensten Wahrheiten zu sagen“[230], aus dem Bedürfnis nach konstruktiver Kritik entstanden. Adorno, wohl der bedeutendste Brechtkritiker, erkennt aber hierin die Schwäche in seiner Utopie: Dass nämlich das, „wofür er wirbt, nicht, wie er lange wohl glaubte, bloß ein unvollkommener Sozialismus, sondern eine Gewaltherrschaft“[231] ist. Und Brecht rechtfertigt die Maßnahmen dieser Gewaltherrschaft als Übergangsstadium zu dem erhofften Sozialismus.[232] Dass dieser „utopisches Wunschdenken“[233] war, wollte sich der Querdenker Brecht zu seinen Lebzeiten nicht mehr eingestehen. Man kann dies verurteilen, wie man möchte, sollte aber stets im Auge behalten, dass der Marxist Brecht ansonsten ein erstaunliches politisches Urteilsvermögen hatte, das ihn – hätte er es noch erleben können – vielleicht irgendwann aus seiner Ideologie aufgeweckt hätte. Doch dies muss Spekulation bleiben.

Sein „Verlangen nach einem verlässlichen Standpunkt“ und sein „Mitleid“ näherten ihn in den zwanziger Jahren der kommunistischen Partei an – eine Tatsache, die „unter den damaligen Verhältnissen nicht nur verständlich, sondern beinahe selbstverständlich“[234] scheint. Dass Brecht sein Leben lang Dialektiker – nach seinem Verständnis des aktiven Widerspruchs – blieb, hat ihn nicht davor bewahrt, sein praktisches Marx-

227 Benjamin: Versuche über Brecht, S. 131.
228 Arendt: Benjamin/ Brecht, S. 65.
229 Brecht: Schriften zum Theater 5. Der Messingkauf, S. 48.
230 Ebenda, S. 67.
231 Adorno, Theodor W.: Engagement. In: Ders.: Noten zur Literatur III. Frankfurt am Main 1965. S. 124.
232 Vgl. Berg, Günter/ Jeske, Wolfgang: Bertolt Brecht. Stuttgartt/ Weimar 1998, S. 201.
233 Wittkowski: Aktualität der Historizität, S. 352.
234 Arendt: Benjamin/ Brecht, S. 96.

verständnis einer Regierung unterzuordnen, die von Widersprüchen gar nichts wissen wollte.

4.1.1.2 Brechts Faschismusbild

Brecht versteht den Faschismus als „Endphase des Kapitalismus"[235]. Somit sieht er in seiner Entstehung eine gewisse Notwendigkeit, die zur Revolution und schließlich auch zum vorhersehbaren Niedergang des Faschismus führen wird. Dies ist dadurch begründet, dass „Brecht [...] als Dialektiker Geschichte primär als Werden [versteht], während das Gewesensein als historischer Zustand ihm unwichtig ist."[236] Diese – in Zeiten der nationalsozialistischen Herrschaft und der Exilzeit – optimistische Haltung unterscheidet ihn von den meisten Exilautoren. Da für Brecht der Faschismus Kapitalismus in Reinform ist, sind auch seine Ursachen auf diesem Gebiet zu bekämpfen. Besonders wendet sich Brechts antifaschistischer Kampf gegen das Kleinbürgertum, das seiner Meinung nach Hauptträger des nationalsozialistischen Systems ist: „[D]ie auswegloseste aller klassen, das kleinbürgertum, etabliert sich diktatorisch in der ausweglosesten situation des kapitalismus."[237] Aber „der Faschismus ist, obwohl bürgerlich, gleichzeitig partielle Negation des Bürgertums und der formalen Demokratie."[238]

Brecht wehrt sich dennoch gegen eine Zusammenarbeit mit bürgerlich-antifaschistischen Kreisen (z.B. Thomas Mann), die „den Faschismus zwar abschaffen, [seine] sozialen Voraussetzungen aber beibehalten wollen."[239] Brecht nimmt dem deutschen Faschismus damit nicht nur seine Einmaligkeit[240], sondern er setzt seine Kritik des Nationalsozialismus an dem „propagandistischen Anspruch, ein *Sozialismus* zu sein"[241], an. Gegenüber der offiziellen Faschismustheorie der Komintern blieb er immer

---

235 Mennemeier, Franz Norbert: Antifaschistische Exildramatik (Bertolt Brecht). In: Ders.: Modernes deutsches Drama. Kritiken und Charakteristiken. Band 2: 1933 bis zur Gegenwart. München 1975. S. 45. / Vgl. Brecht: Schriften, S. 175.

236 Müller: Funktion der Geschichte, S. 48.

237 Brecht, Bertolt: Arbeitsjournal. Erster Band 1938 bis 1942. Frankfurt am Main 1973, S. 380. Sic, vgl. auch alle weiteren Zitate aus dem Arbeitsjournal.

238 Mennemeier: Antifaschistische Exildramatik, S. 47.

239 Gerz: Brecht und der Faschismus, S. 55.

240 Vgl. Der „Mythos der Dauer" in: Müller: Funktion der Geschichte, S. 84 ff.

241 Gerz: Brecht und der Faschismus, S. 83.

reserviert.[242] Seine Kampfprinzipien werden besonders deutlich in einem Artikel für den Schutzverband deutscher Schriftsteller von 1934: „Fünf Schwierigkeiten beim Schreiben der Wahrheit". Hier werden die notwendigen Eigenschaften für einen antifaschistischen Dichter aufgezählt:

> *Mut* [...]; die Wahrheit zu schreiben [...]; die *Klugheit*, sie zu erkennen [...]; die *Kunst*, sie handhabbar zu machen, als eine Waffe; das *Urteil*, jene auszuwählen, in deren Händen sie wirksam ist; die *List*, sie unterdessen zu verbreiten.[243]

Natürlich ist ‚Wahrheit' bei Brecht stets als die Wahrheit des Marxismus zu verstehen, wenn er fordert, es müsse „die Wahrheit im Kampf gegen die Unwahrheit geschrieben werden, und sie darf nicht etwas Allgemeines, Hohes, Vieldeutiges sein."[244] Wie Benjamin meint auch er, dass die „richtige politische Tendenz des Werkes seine literarische Qualität ein[schließe]"[245].
Brecht versteht unter dem Kampf gegen den Faschismus kein Moralisieren, denn dieses kritisiert er als nutzlos: „Den Mächtigen wird der Spiegel vorgehalten! Als ob sie sich nicht durchaus gefielen darin! Und als ob [...] die Mörder, Diebe und Wucherer nur deshalb morden, stehlen und wuchern, weil sie nicht wissen, wie häßlich das ist."[246]

Das Widerstandskonzept Brechts bleibt stets eine „intellektuelle Position, die zu keinem Zeitpunkt wirksamen Anschluss an den politisch organisierten Widerstand [findet]."[247] Statt dessen betreibt Brecht eine detaillierte Analyse der Machtstrategien der Nazis, die besonders aus zwei Erkenntnissen entspringt: Zum einen dass die „Begriffe selber [..].zu Waren geworden"[248] sind, zum anderen dass es „nicht viel Wissen [gibt], das Macht verschafft, aber [...] viel Wissen, das nur durch Macht verschafft wird."[249] Wie kein anderer Autor durchschaut Brecht das Propagandasystem des Nationalsozialismus als „Theatralisierung der Politik"[250]. So

---

242 Vgl. Lindner: Arturo Ui, S. 83./ Gerz: Brecht und der Faschismus, S. 60 ff.
243 Brecht: Schriften, S. 171.
244 Ebenda, S. 172.
245 Benjamin: Versuche über Brecht, S. 96 f.
246 Brecht: Schriften zum Theater 5. Der Messingkauf, S. 38.
247 Gerz: Brecht und der Faschismus, S. 77.
248 Brecht: Schriften, S. 132.
249 Brecht: Schriften, S. 193.
250 Brecht: Arbeitsjournal, S. 204.

warnt der Philosoph im „Messingkauf" davor, sich von der Inszenierung der Mächtigen täuschen zu lassen: „Glaubt mir: die die unmerkliche Belehrung wollen, wollen keine Belehrung."[251] Brecht sieht im faschistischen Theater (z.B. den Aufmärschen zu nationalsozialistischen ‚Feiertagen') das beste Beispiel für die Gefahr der Einfühlung, gegen die sich seine Verfremdungstechniken richten. So analysiert er den Redner Hitler als „einen Helden in einem Drama, [der] versucht, das Volk, besser das Publikum, sagen zu machen, was er sagt. Genauer fühlen zu lassen, was er fühlt."[252] Brechts Faschismustheorie geht also durchaus über die für ihn zentrale marxistische Kapitalismusvorstellung hinaus – es gelingt ihm, die Rolle des scharfsinnigen Beobachters einzunehmen. Oder anders ausgedrückt: Brecht ist der unzufriedene Zuschauer im Theater des Faschismus, der beschließt, seine Wahrheit als Gegenkonzept für die Bühne zu gestalten.

4.1.1.3 Das Verhältnis von Wissenschaft und Kunst nach Brecht

Obwohl Brecht, wenn von „der Wirklichkeit selbst und ihrer wissenschaftlichen Erkenntnis die Rede ist, durchaus auf dem Standpunkt der objektiven Erkenntnis steht"[253], darf man nie vergessen, dass objektive Erkenntnis nach Brecht immer Erkenntnis durch marxistische Dialektik bedeutet. Denn die marxistische Gesellschaftslehre ist für ihn Wissenschaft, insofern sie die Gesetze aufdeckt, die in den gesellschaftlichen Verhältnissen herrschen.[254] Brecht schreibt dem Theater und somit der Kunst die Stelle einer Gesellschaftswissenschaft zu, die sich die Methoden der Naturwissenschaft aneignen soll. Im „Kleinen Organon für das Theater" von 1948 schreibt er: Die breiten Massen, „die der Naturwissenschaft so fern zu stehen scheinen, stehen ihr nur fern, weil sie von ihr ferngehalten werden, und müssen, sie sich anzueignen, zunächst selber eine neue Gesellschaftswissenschaft entwickeln und praktizieren."[255] Deshalb bezeichnet Brecht sein Theater auch als „Theater des wissen-

251 Brecht: Schriften zum Theater 5. Der Messingkauf, S. 226.

252 Brecht: Schriften, S. 426.

253 Kaufmann, Hans: Bertolt Brecht. Geschichtsdrama und Parabelstück. In: Germanistische Studien, hg. v. Hans Kaufmann / Hans-Günther Thalheim, Band 2, Berlin 1962, S.156.

254 Vgl. Müller: Funktion der Geschichte, S. 196.

255 Brecht: Schriften, S. 528 f.

schaftlichen Zeitalters"[256]. Der Übergang zur Kunst ist also fließend, denn nur in diesem Zwischenstadium sind wirkliche Erkenntnisse nach Brecht möglich:

> Leute, die weder etwas von Wissenschaft verstehen noch von Kunst, glauben, daß das zwei ungeheuer verschiedene Dinge sind, von denen sie da nichts verstehen. Sie meinen der Wissenschaft einen Dienst zu erweisen, wenn sie ihr erlauben, phantasielos zu sein, und die Kunst zu fördern, wenn sie jedermann davon abhalten, von ihr Klugheit zu verlangen.[257]

So polemisch dieses Zitat in der typischen Brecht-Art auch sein mag, so verrät es doch seine Überzeugung: Kunst muss genauso wie Wissenschaft ‚die Wahrheit' darstellen. Deshalb hat sie nichts mit Glauben, sondern mit Überzeugung und Wissen zu tun:
„Daß man die Religion für eine nähere Verwandte der Kunst hält als die Wissenschaft, ist für die Kunst nicht gerade schmeichelhaft."[258] Noch weiter geht Brecht, wenn er dem Schauspieler im „Messingkauf" die geradezu relativistische These in den Mund legt: „Die Kunst steht so hoch über der Wirklichkeit, daß man eher sie eine Kopie der Kunst nennen könnte. Und eine stümperhafte!"[259] Brechts Verständnis von Kunst ist also direkt verbunden mit seinem Verständnis von Realismus.

4.1.1.4 Brechts Realismus-Verständnis

Wie bereits das obige Zitat erkennen lässt, zieht Brecht auch keine scharfe Trennlinie zwischen Kunst und Wirklichkeit. Für das Kunstwerk definiert er, dass es „desto realistischer ist, je erkennbarer in ihm die Realität gemeistert wird."[260] Die Konfrontation mit der Realität[261] ist der Gradmesser für realistisches Schreiben. Die Dramatik Brechts steht also „zwischen zwei Wirklichkeiten: der gegenwärtigen, die sie widerspiegelt, und einer zukünftigen, die sie projiziert."[262] Da Brecht Dichten als „ge-

256 Brecht: Schriften, S. 528.
257 Brecht: Schriften zum Theater 5. Der Messingkauf, S. 101.
258 Brecht: Schriften zum Theater 5. Der Messingkauf, S. 67.
259 Ebenda, S. 55.
260 Brecht: Arbeitsjournal, S. 142.
261 Vgl. Brecht: Schriften, S. 338.
262 Müller: Funktion der Geschichte, S. 173.

schichtsbedingt und geschichtemachend" beschreibt und auf dem „unterschied [...] zwischen ‚widerspiegeln' und ‚den spiegel vorhalten'"[263] insistiert, kann man davon ausgehen, dass er die aktive Rolle des Dichters bewusst einsetzt, weil er glaubt, dass die ‚richtige' politische Einstellung ausreichend sei, um ‚die Wahrheit' widerzuspiegeln. Dies ist der gegenwärtige Aspekt seiner Realismusvorstellung.

Die Dramen Brechts sollen einer „Bewußtseinsentwicklung"[264] dienen, deshalb traut sich diese politische Literatur nicht „trotz, sondern wegen der künstlerischen Veränderung geschichtlicher Wirklichkeit [zu], politische Haltung zu produzieren."[265]

Interessant wird dieser Vorgang im Hinblick auf Brechts Glauben, dass Wirklichkeit unterschiedlichste Ausdeutungen zulässt, aber es nur eine Wahrheit gibt, denn die „Dinge sind für sich nicht erkennbar, weil sie für sich nicht existieren können."[266] Somit bedarf es nach Brecht erst der Lehre des Marxismus, um die Realität zu erfassen. So wird die Utopie des Sozialismus zum zukünftigen Aspekt des Realismusbegriffes bei Brecht. Wiederspiegelung und Stellungnahme werden dann zu den zentralen Tätigkeiten eines realistischen Autors.[267] Außerdem betont Brecht, dass „die Welt als änderbare gefaßt"[268] werden müsse. Hierin liegt der aktive Charakter dieses Realismuskonzepts. Gleichzeitig zeigt sich darin, dass die „Frage, was wirklich gewesen ist, [...] hinter der beabsichtigten Wirkung zurück [tritt]."[269] Hans Kaufmanns Vergleich, dass die Wirklichkeit als Material für den Schriftsteller „wie Ton für den Bildhauer"[270] sei, entspricht genau Brechts Vorstellung von angeeigneter Realität. In seinem Aufsatz von 1938 „Volkstümlichkeit und Realismus" bekräftigt Brecht den Zusammenhang beider Begriffe: „Es liegt im Interesse des Volkes, der breiten, arbeitenden Massen, von der Literatur wirklichkeitsgetreue Abbildungen zu bekommen, und wirklichkeitsgetreue Abbildun-

---

263 Brecht: Arbeitsjournal, S. 158.

264 Kesting, Marianne: Das epische Theater. Zur Struktur des modernen Dramas. Stuttgart 1989. S. 62.

265 Schneider, Peter: Literatur als Widerstand. Am Beispiel Bert Brechts »Arturo Ui«. In: Ders.: Atempause. Versuch, meine Gedanken über Literatur und Kunst zu ordnen. Reinbek bei Hamburg 1977, S. 115.

266 Brecht: Schriften, S. 119.

267 Vgl. Müller: Funktion der Geschichte, S. 176.

268 Brecht: Arbeitsjournal, S. 194.

269 Kaufmann: Brecht. Geschichtsdrama, S. 154.

270 Ebenda, S. 157.

gen dienen tatsächlich nur dem Volk.“[271] Der Aufsatz richtet sich vor allem gegen den Realismus-Begriff Georg Lukács’, wurde aber zu Lebzeiten Brechts nicht veröffentlicht. So beteiligte sich Brecht insgesamt nur als unveröffentlichter Kritiker an der Realismus-Debatte[272]. Diese ausführlich zu behandeln, würde hier den Rahmen sprengen, die Differenzen lassen sich aber hauptsächlich als Formfragen zusammenfassen. Da „die Form für Brecht nur funktionale Form ist, [kann] es für ihn keinen verbindlichen Formkanon des Realismus geben.“[273]

Er verurteilt daher jede „Art von Schematismus, da er die Realität nicht beherrschbar macht“[274], und wünscht sich einen Realismusbegriff, der „breit und politisch“[275] ist. Beides lehnt z.B. die Dramatik der ‚Epoche’ Realismus vor 1900 ab.
Zusammenfassend lässt sich also sagen: Brechts Vorstellung von Realismus ist wesentlich mit seinem Kampf gegen den Faschismus und für den Kommunismus verbunden, denn er glaubt, politische Darstellungen gesellschaftlicher Vorgänge zum Zwecke der Revolution zu geben, sei realistisch. Auf der Bühne und im dramatischen Text findet er dabei seinen Lieblingskampfplatz – das Epische Theater für seine Ziele nutzend. So erklärt er, im Namen der realistischen Künstler sprechend, mit seiner Mitarbeiterin Magarete Steffin 1938: „Wir leiten unsere Ästhetik, wie unsere Sittlichkeit, von den Bedürfnissen unseres Kampfes ab.“[276]

4.1.2 Das Epische Theater – eine Ästhetik des Kampfes

4.1.2.1 Entstehung und Charakteristika

Unter 'episch' versteht Brecht „etwas Ruhiges, Fließendes, ziemlich Objektives, im Ton Leidenschaftsloses, mit geringer seelischer Bewegung“.[277] Die eigentlich entscheidende Veränderung zur dramatischen Form ist die Hinzufügung des Erzählers, also des Stückeschreibers: „Schrifttafeln, Songs, Chöre, Prologe/ Epiloge, Kommentare stehen jen-

271 Brecht: Schriften, S. 323.
272 Vgl. Gerz: Brecht und der Faschismus, S. 87. / Berg: Bertolt Brecht, S. 200.
273 Müller: Funktion der Geschichte, S. 181.
274 Brecht: Schriften, S. 466.
275 Ebenda, S. 325.
276 Brecht: Schriften, S. 347.
277 Brecht: Schriften, S. 275.

seits der Immanenz der Fabel und jenseits der Figurendialoge: diese Texte können einzig auktorialen Sprechakten zugeschrieben werden, auch wenn die Figur des Stückeschreibers [...] auf der Bühne nicht erscheint."[278] Diese Phänomene sind allesamt der Verfremdung zuzuordnen, auf die später noch genauer eingegangen wird. Wichtig für das epische Theater ist ein „lebendiges und produktives Bewußtsein"[279] davon, dass es Theater ist.

Deshalb arbeitet diese Dramatik mit der „Freilegung der auktorialen Erzählperspektive [und der] Demaskierung der Autorinstanz".[280] Der Zuschauer soll Erkenntnisse gewinnen, in dem er sich von den Handlungen auf der Bühne distanziert. Als Grundmodell für eine epische Szene nennt Brecht die Straßenszene, in der ein Augenzeuge eines Verkehrsunfalls den Umstehenden das Geschehene demonstriert.[281] Lindner erkennt richtig, dass die Straßenszene „selbst bereits verfremdete Züge"[282] trägt. Er weist darauf hin, dass es im alltäglichen Geschehen wohl kaum zu einer dem Gerichtsverfahren ähnlichen Szene käme, wie sie Brecht beschreibt, sondern dass eben gerade die Einfühlung (Entsetzen und voyeuristische Faszination) hier die Oberhand gewinnen würden. Lindner nennt die Straßenszene eine „legitimatorische Konstruktion"[283], die das neue Theater nutzte, indem es ein alltägliches Aufklärungsbedürfnis anreicherte. Die gestische Stilisierung zum Tableau – wie es auch hier im Bild der Unfallbeobachter gezeichnet wird – ist aber bedeutend für das epische Theater, denn, wie Benjamin betont, ist das „Unterbrechen eines der fundamentalen Verfahren aller Formgebung."[284] Was es für weitere „Gewichtsverschiebungen vom dramatischen zum epischen Theater" gibt, drückt Brecht wie folgt aus:

278 Lindner: Arturo Ui, S. 26.
279 Benjamin: Versuche über Brecht, S. 10.
280 Gerz: Brecht und der Faschismus, S. 34.
281 Vgl. Brecht: Schriften, S. 300 ff.
282 Lindner: Arturo Ui, S. 20.
283 Lindner: Arturo U, S. 22.
284 Benjamin: Versuche über Brecht, S. 26.

Tabelle 2[285]

Dramatische Form des Theaters	***Epische Form des Theaters***
handelnd	erzählend
verwickelt den Zuschauer in eine Bühnenaktion	macht den Zuschauer zum Betrachter, aber
verbraucht seine Aktivität	weckt seine Aktivität
ermöglicht ihm Gefühle	erzwingt von ihm Entscheidungen
Erlebnis	Weltbild
Der Zuschauer wird in etwas hineinversetzt	er wird gegenübergesetzt
Suggestion	Argument
Die Empfindungen werden konserviert	bis zu Erkenntnissen getrieben
Der Zuschauer steht mittendrin	Der Zuschauer steht gegenüber
Der Mensch als bekannt vorausgesetzt	Der Mensch ist Gegenstand der Untersuchung
Der unveränderliche Mensch	Der veränderliche und verändernde Mensch
Spannung auf den Ausgang	Spannung auf den Gang
Eine Szene für die andere	Jede Szene für sich
Wachstum	Montage
Geschehen linear	in Kurven
evolutionäre Zwangsläufigkeit	Sprünge
Der Mensch als Fixum	Der Mensch als Prozeß
Das Denken bestimmt das Sein	Das gesellschaftliche Sein bestimmt das Denken
Gefühl	Ratio

Diese Auflistung von 1930 hat Brecht im Laufe seines Lebens immer wieder unterschiedlich gewichtet. Er selbst erkannte große Ähnlichkeiten zur alten chinesischen Schauspielkunst[286], die bereits mit Masken, starren Gesten und Symbolik arbeitete. Obwohl Brecht immer als großer Erfinder des epischen Theaters gilt, muss angemerkt werden, dass die Entwicklung weit über ihn hinaus reicht. Er selbst sieht die historischen Voraussetzungen für die Neue Dramatik wie folgt: „Die naturalistische Dramatik übernahm vom französischen Roman das Stoffliche und zugleich die epische Form. Diese letztere (schwächste Seite der naturalis-

285 Brecht: Schriften, S. 106.
286 Brecht: Schriften, S. 211 ff.

tischen Dramatik!) übernahm die neuere Dramatik unter Verzicht auf die Stoffe – als reines Formprinzip."[287]

Der Naturalismus ist Brecht schon aufgrund seiner festen Milieulehre verhasst, er fordert den „*dokumentarischen Charakter*"[288] des Theaters, der den Menschen zur Veränderung (Revolution) ermutigt. Das ist der eigentlich neue Gedanke in der Dramatik Brechts: nicht die epische Form selbst (Hans Kaufmann erklärt diese z.B. als typische Form der Komödie seit der Renaissance[289]), sondern das Insistieren auf der Wirkungsabsicht, das Brecht von seinen Vorgängern unterscheidet. Im Laufe seiner Theorie spricht Brecht immer öfter vom „dialektischen" statt vom „epischen Theater" und ersetzt somit „eine Kategorie der Ästhetik (Epik) durch eine Kategorie der Philosophie und Gesellschaftstheorie (Dialektik)".[290] Dies ist eine logische Schlussfolgerung, wenn man das Geschichtsbild Brechts betrachtet.

4.1.2.2 Verfremdung

Was Brecht sowohl an der Theatralik des Faschismus als auch am Naturalismus beklagte, war die aristotelische Einfühlung des Zuschauers in das Geschehen. Im „Messingkauf" wirft der Philosoph dem naturalistischen Dramaturgen vor: „Darstellend wähltet ihr einen Standpunkt, der keine echte Kritik ermöglicht. In euch fühlte man sich ein. Ihr wart, wie ihr wart, und die Welt blieb, wie sie war."[291] Um dem entgegen zu wirken, eignet sich Brecht die Methode der Verfremdung an, die von Slovskij als „Grundprinzip der Moderne, der Ästhetik des Machens"[292] formuliert worden war. Die Verfremdung der Vorgänge auf der Bühne, die den Zuschauer befremden soll, beinhaltet zwei zentrale Komponenten: „eine *polemische* und *destruktive* Seite"[293] bezüglich des Antiaristotelismus, also auf der reinen Formebene, und eine „*erkenntnisorganisierende-konstruktive* Seite" bezüglich der „handlungsanleitenden Methoden zur Realitätbetrachtung".[294] Die eine Komponente versucht also stilistisch

287 Brecht: Schriften, S. 130 f.
288 Brecht: Schriften, S. 135.
289 Kaufmann: Bertolt Brecht. Geschichtsdrama, S. 134 f.
290 Müller: Funktion der Geschichte, S. 29.
291 Brecht: Schriften zum Theater 5. Der Messingkauf, S. 33.
292 Lindner: Arturo Ui, S. 14.
293 Gerz: Brecht und der Faschismus, S. 33.
294 Gerz: Brecht und der Faschismus, S. 34.

zur Verfremdung beizutragen, die andere äußert Ideologiekritik und will den Zuschauer zum Handeln bewegen.

Man kann das Ziel des V-Effekts als „Auffälligmachen[...] der Vorgänge, eine[..] Konfrontierung derselben mit einer gedachten Negation"[295] umschreiben. Dies soll dazu führen, dass die Handlungen der „frischen, naiven Beurteilung"[296] entzogen werden. Verfremdung tritt in den drei Bereichen des Schreibens, des Inszenierens und des Spielens auf. Für uns ist an dieser Stelle nur der erste Punkt interessant. Wichtig ist, dass Brecht sein Leben lang an der Verfremdungstechnik arbeitete und immer wieder seine Theorie abwandelte. Eine Ansicht wie die Reinhold Grimms, Brecht wäre ab 1933 bezüglich seiner Verfremdungstechniken der „reife Dichter im Vollbesitz seiner künstlerischen Mittel"[297] gewesen, verfehlt Brechts eigene Vorstellung von steter Weiterentwicklung somit vollkommen. In den Methoden des V-Effekts sieht Burckhardt Lindner die „Antworten auf das Erschrecken vor der Geschichte".[298] Indem der Zuschauer immer zugleich mitdenkt, wie der Schauspieler sich anders hätte verhalten können – so dass es ihm eben nicht *aufgefallen* wäre, denkt er geschichtlich für Brecht auch immer die Möglichkeit einer anderen Gesellschaftsform mit. Schließlich bildet Brecht seine Utopie nie ab, sondern er erwartet diese Denkleistung vom Publikum, während er die aktuellen gesellschaftlichen Zustände analysiert.

4.1.2.3 Unterhaltung und Belehrung

Dass das Epische Theater pädagogisch wirken möchte, sollte bereits deutlich geworden sein, denn das Kunstwerk „lehrt die Dinge der Welt [laut Brecht] richtig sehen."[299] Dieser Vorgang besteht hauptsächlich aus dem oben beschriebenen „Fixieren des *Nicht-Sondern*"[300]. Aber oft ist Brechts Verweigerung der Einfühlungstechnik und sein auf „Ratio" (siehe Tabelle 2) festgelegtes Bild des Epischen Theaters missverstanden worden als bloßes Lehrtheater ohne Unterhaltungswert. Dabei wollte Brecht auf diesen am allerwenigsten verzichten:

---

295 Brecht: Schriften, S. 117.
296 Ebenda, S. 243.
297 Grimm: Bertolt Brecht, S. 74.
298 Lindner: Arturo Ui, S. 9.
299 Brecht: Schriften, S. 432.
300 Ebenda, S. 469.

„Wir wollen sehen, ob meine Belehrungen nichts Unterhaltendes haben."[301] Seine Form der Unterhaltung soll allerdings nicht aus mitfühlenden Emotionen, sondern aus kritischer Betrachtung erwachsen: „Wahrer Kunstgenuss ohne kritische Haltung ist unmöglich."[302] Der Genuss liegt eben für Brecht in der Erkenntnis. Er glaubt, dass es ein „lustvolles Lernen"[303] gibt. Emotionen werden auf einer höheren Stufe (also nach dem Erkenntnisgewinn) durchaus zugelassen, also z.B. Wut über die soziale Situation oder Freude über die gelungene satirische Verfremdung einer historischen Tatsache. Auch wird „weder die Darstellung von Gefühlen gehindert, noch die Verwendung von Gefühlen durch den Schauspieler vereitelt."[304] Lindner erläutert aber, dass es in der Dramatik Brechts eine neue Form der Einfühlung geben müsse: „die Identifikation des Zuschauers mit der Produktionsinstanz."[305] Schließlich setzt das Epische Theater zumindest teilweise eine Übereinstimmung mit Brechts Gesellschaftsbild voraus, wenn es belehren will. Ein faschistischer Politiker hätte eine Vorstellung der „Mutter Courage" wohl kaum mit neuen Erkenntnissen verlassen.

4.1.2.4 Historisieren

Der Vorgang der Historisierung ist deshalb für diese Arbeit besonders wichtig, weil er direkt auf das Problem der Darstellung von Geschichte im Drama eingeht: er liegt nach Ingo Breuer „in der internen Organisation von Verweisen auf Vorstellungen von Historizität und nicht auf der Ebene einer Vergangenheitshandlung."[306] Brecht selbst definiert: „Verfremden heißt [...] Historisieren, heißt Vorgänge und Personen als historisch, also als vergänglich darstellen."[307]

Damit wird klar, dass diese Methode keineswegs nur auf die Darstellung von Vergangenem anwendbar ist, sondern dass Vorgänge in ihrer „zeitli-

301 Brecht: Schriften zum Theater 5. Der Messingkauf, S. 46.
302 Brecht: Schriften, S. 245.
303 Ebenda, S. 194.
304 Brecht: Schriften zum Theater 5. Der Messingkauf, S. 119.
305 Lindner: Arturo Ui, S. 27.
306 Breuer, Ingo: Theatralität und Gedächtnis. Deutschsprachiges Geschichtsdrama seit Brecht. In: Kölner Germanitische Studien, Band 5, Hg. v. Balmberger, Günter/ Drux, Rudolf/ Kleinschmidt, Erich/ Ziegeler, Hans-Joachim, Köln 2004, S. 102.
307 Brecht: Schriften, S. 418.

chen, räumlichen und gesellschaftlichen Relativität"[308] sichtbar gemacht werden sollen. Inwieweit das für eine heutige Brecht-Inszenierung Aktualisierung (z.B. der Kostüme) ausschließt, ist schwierig zu beantworten, wenn Brecht fordert, mit der Gewohnheit zu brechen, „die verschiedenen gesellschaftlichen Strukturen vergangener Zeitalter ihrer Verschiedenheiten zu entkleiden."[309] Man muss dabei stets beachten, dass Brechts eigene Stücke aus aktuellen Anlässen entstanden und er somit eventuell unbedacht ließ, dass auch seine Werke einmal historisch sein werden. Ob er wirklich etwas gegen Arturos Gangster in Bankeranzügen des 21. Jahrhunderts gehabt hätte, darf bezweifelt werden. Schließlich soll der vermittelte Inhalt – im Sinne der Standortbestimmung in der marxistischen Stufenlehre – aktuell sein. Aber wenn historische Ereignisse dargestellt werden, so wird gleichzeitig ihre Einmaligkeit betont und ihrer mögliche Wiederholung angedeutet, falls sich die gesellschaftlichen Umstände nicht ändern. Dem Autor Brecht sind vergangene Ereignisse objektiv begründbar und somit erklärbar. Diese „Erklärbarkeit beinhaltet zugleich die Möglichkeit von Veränderungen."[310] Wieder wird das ‚Nicht-Sondern' fixiert, indem ein „Aufbrechen der ideologischen Neutralisierung von Geschichte und Gesellschaft"[311] stattfindet. Wenn Brecht das ‚tausendjährige Reich' der Nationalsozialisten verspottet, geschieht dies auch aus seiner Theorie der Dramatik heraus, denn das „Moment des *Werdens und Vergehens*"[312] ist für ihn wesentlicher Bestandteil des Epischen Theaters und Ansatzpunkt für jede Form von Kritik.

Die Ästhetik Brechts ist also hauptsächlich durch sein Geschichtsbild geprägt. Deshalb wird seine Dramatik besonders interessant, wo sie sich thematisch und stilistisch auf dem Feld der Geschichte erprobt.

4.2 „Der aufhaltsame Aufstieg des Arturo Ui"

4.2.1 Entstehung

„Arturo Ui" entstand 1941 in Finnland kurz vor Bertolt Brechts Ausreise in die USA. Das Stück ist, wie Ernst Schumacher in einer Rezension von 1958 schrieb, als die „dialektische Antwort des Bedrängten auf seine La-

308 Grimm: Bertolt Brecht, S. 14.
309 Brecht: Schriften, S. 533.
310 Müller: Funktion der Geschichte, S. 38.
311 Lindner: Arturo Ui, S. 17.
312 Brecht: Schriften, S. 625.

ge"[313] zu verstehen. Als „Produkt der Exilsituation"[314] fehlt dem Stück genau der Wind, den Brecht noch 1926 als unbedingt nötig für den Autor beschreibt, um ‚segeln' zu können: „[W]enn man Wind hat, kann man bekanntlich auch gegen den Wind segeln, nur ohne Wind oder mit dem Wind von morgen kann man niemals segeln"[315]. Im Laufe seines Exils lernte Brecht allerdings, ohne Wind bzw. mit dem ‚Wind von morgen' zu segeln: „Das Geheimnis [seiner] Produktivität besteht darin, daß er noch aussichtslose Situationen für seine Zwecke ‚umzufunktionieren' wußte."[316] Die ‚Wendung zur Geschichte'[317] wurde zwar von Norbert Mennemeier und Frithjof Trapp aufgrund der bereits existierenden Geschichtsdramatik der Weimarer Republik als „zu pointiert"[318] verworfen, die grundsätzliche Affinität der Exilautoren, sich mit ihrer historisch einmaligen Lage auseinander zu setzen, kann jedoch nicht geleugnet werden. Nach der Analyse der Rassenideologie der Nationalsozialisten in dem Bühnenstück „Die Rundköpfe und die Spitzköpfe", das zu Anfang der dreißiger Jahre entstand, konzentriert sich Brecht in „Arturo Ui" auf die „Klärung der Affinitäten von profitorientierter Ökonomie und politisch ausgerichtetem Gangsterwesen sowie [auf] die Kritik an historischer und politischer Größe."[319]

Er selbst betont immer, dass es seine Schreibmotivation ist, die „großen politischen Verbrecher, lebendig oder tot, der Lächerlichkeit preis[zu]geben".[320] Besonders beschäftigt sich „Arturo Ui" daher mit der „*Funktion des faschistischen Führerpathos*' und [mit] der *Ästhetisierung der Politik*"[321] im Nationalsozialismus. In Anbetracht seines Faschismusbildes ist es nicht weiter verwunderlich, dass Brecht die Geschichtsauffassung der

313 Gerz, Raimund: Brechts Aufhaltsamer Aufstieg des Arturo Ui. Frankfurt am Main 1983. S. 181.

314 Thiele, Dieter: Bertolt Brecht. Der Aufhaltsame Aufstieg des Arturo Ui. In: Grundlagen und Gedanken Drama. Hg. v. Hans-Gert Roloff, Frankfurt am Main 1998, S. 5.

315 Brecht: Schriften, S. 25.

316 Lindner: Arturo Ui. S. 10.

317 Vgl. Heeg, Günther: Die Wendung zur Geschichte. Konstitutionsprobleme antifaschistischer Literatur im Exil. Stuttgart 1977.

318 Mennemeier/ Trapp: Exildramatik, S. 87.

319 Gerz, Raimund: Der Aufstieg des Arturo Ui. In: Brecht Handbuch in fünf Bänden, Band 1, hg. v. Jan Knopf, Stuttgart 2001, S. 463.

320 Gerz: Brechts Arturo Ui, S. 127.

321 Gerz: Brecht und der Faschismus, S. 233.

Kleinbürger als „romantisch“ beschreibt und die Zerstörung ihres „Respekt[s] vor den Tötern“[322] als oberstes Ziel des Stückes ausgibt.

1934 notiert Walter Benjamin in sein Notizbuch über Brecht: „Seine Planungen greifen weiter aus. Er steht dabei vor der Alternative. Auf der einen Seite warten Prosaentwürfe. Der kleinere Ui – eine Satire auf Hitler im Stile der Historiographen der Renaissance – und der große des Tui-Romans.“[323] Spätestens im Oktober 1934 beginnt Brecht mit der Ausarbeitung des Ui-Stoffes zu der kurzen Satire, die heute meist unter dem Namen „Wenige wissen heute“ bekannt ist – der Titel „Leben und Taten des Giacomo Ui aus Padua“ ist nur durch einen Brief an Brechts Verlag dokumentiert. Der Prosatext blieb Fragment.[324] Brecht beschränkt sich darin auf die Darstellung der Ui-Figur. Neben dem rhetorischen Unterricht, der später als Motiv im Drama wiederkehrt,[325] ist auch die Rassenideologie der Nationalsozialisten thematisiert.

Während eines USA-Besuchs 1935 beschäftigt sich Brecht eingehend mit dem amerikanischen Gangsterwesen. Als Quelle für den späteren Dramentext ist daher zum einen die Biographie Al Capones aus der Feder von F.D. Pasley, dessen Artikel über den Gangsterboss Dutch Schulz Brecht bereits in diesem Jahr aufbewahrt, anzunehmen.[326] Außerdem verweist eine Notiz vom März 1941 darauf, dass die Lektüre von Brechts Sohn, Stefan, sich entscheidend auf das Drama auswirkt: „[S]teffs kenntnisse über die verwebungen der gangsterwelt mit der verwaltung kommen mir zustatten.“[327] Aus der Liste von „[B]ücher[n] auf steffs tisch“[328] hat Helfried Selinger ausführlich auf die bedeutendsten hingewiesen.[329] Auch Gangsterfilme wie „Little Caesar“ oder „Scarface“, die in den dreißiger Jahren in den USA sehr erfolgreich waren, hatte Brecht bei seinem Aufenthalt 1935 mit Hanns Eisler gesehen.[330] Als fleißiger Zeitungsleser ist Brecht außerdem im Ausland stets über die aktuelle Situation in

322 Gerz: Brechts Arturo Ui, S. 128 f.

323 Benjamin: Versuche über Brecht, S. 125.

324 Vgl. Brecht, Bertolt: Prosa. In: Bertolt Brecht. Ausgewählte Werke in sechs Bänden. Fünfter Band. Suhrkamp Verlag, Frankfurt am Main 2005, S. 553.

325 Vgl. 4.2.4

326 Vgl. Seliger, Helfried W.: Das Amerikabild Bertolt Brechts. In: Studien zur Germanistik, Anglistik und Komparatistik, Band 21, hg. v. Armin Arnold / Alois M. Haas, Bonn 1974, S. 204.

327 Brecht: Arbeitsjournal, S. 250.

328 Ebenda, S. 222.

329 Vgl. Seliger: Amerikabild Brechts, S. 203 f.

330 Vgl. Gerz: Arturo Ui. Jan-Knopf Handbuch, S. 461.

Deutschland informiert, so enthält die Urfassung des „Arturo Ui" zahlreiche Bilder von Nazigrößen, die Brecht sammelt. Anstreichungen in der Hitler-Biographie Rudolf Oldens und in der Hindenburg-Biographie Emil Ludwigs lassen auch diese beiden Quellen als sicher für das Drama gelten.

Diese ersten Anregungen bleiben allerdings lange unbearbeitet, erst am 10.3.41 im finnischen Exil erinnert sich Brecht wieder an seine Pläne: „[A]n das amerikanische theater denkend, kam mir jene idee wieder in den kopf, die ich einmal in new york hatte, nämlich ein gangsterstück zu schreiben, das gewisse vorgänge, die wir alle kennen, in erinnerung ruft. (the gangster play we know). ich entwerfe schnell einen plan für 11 - 12 szenen."[331] Überraschend ist die Schnelligkeit, mit der Brecht seinen Plan verfolgt. Sie führte zu häufiger Kritik, z.B. von Siegfried Melchinger in einer Rezension von 1958: „Er hatte es mehr als eilig, fertig zu werden, woraus sich erklären mag, daß ganze Passagen mit offensichtlicher Unlust heruntergeschrieben sind."[332] Tatsächlich fehlt am 28.3.41 – also nur knappe drei Wochen später – „nur noch die letzte szene."[333] Die Schnelligkeit des Handlungsverlaufs muss aber nicht als Schwäche gedeutet werden, sondern entspricht Brechts Empfinden des Krieges.[334]

Schließlich berichtet er nur noch am 2.4. und 7.4 von der schwierigen Aufgabe, „die jamben [...] zu glätten"[335], wobei er ausdrücklich auf die Mitarbeit von Magarete Steffin verweist.[336] Die Schnelligkeit der Verwirklichung hängt natürlich mit Brechts Ausreiseplänen in die USA zusammen – bereits im Juli 1941 trifft er dort ein. Das Stück ist für die Aufführung am Broadway geschrieben, wird aber erst 1957 nach Brechts Rückkehr und seinem Tod in der Zeitschrift „Sinn und Form" veröffentlicht, da Brecht lange die „mangelnde historische Reife des deutschen Publikums"[337] fürchtet. Dass er keine Interessenten für eine amerikanische Uraufführung findet, mag auch Brechts Enthusiasmus gebremst haben, mit dem er noch im April 1941 notiert: „[J]etzt verspüre ich die

---

331 Brecht: Arbeitsjournal, S. 249.

332 Wyss, Monika (Hrsg.): Brecht in der Kritik. Rezensionen aller Brecht-Uraufführungen sowie ausgewählter deutsch- und fremdsprachiger Premieren. München 1977, S. 357.

333 Brecht: Arbeitsjournal, S. 250.

334 Vgl. Brecht: Arbeitsjournal, S. 62/ S. 98/ S. 252. Besonders eindringlich: „Die Welt ändert sich jetzt stündlich", S. 125.

335 Vgl. Brecht: Arbeitsjournal, S. 252.

336 Vgl. Ebenda, S. 252/ 254.

337 Wekwerth, Manfred: Der aufhaltsame Aufstieg des Arturo Ui. In: Ders.: Schriften. Arbeit mit Brecht. Berlin 1975, S. 141.

lust, etwas ganz und gar und überall aufführbares hinterherzuschicken: UI, ZWEITER TEIL. spanien/münchen/polen/frankreich."[338]

Die übliche Überarbeitungspraxis Brechts nach oder während einer Inszenierung wurde im Falle „Arturo Uis" nicht praktiziert, da das Stück zu Brechts Lebzeiten nie inszeniert wurde (die Uraufführung fand schließlich erst am 10.11.1958 in Stuttgart statt). Deshalb gibt es auch nur wenige Varianten der Urfassung von 1941. Zum einen wurde der Titel mehrmals geändert: die ursprüngliche Fassung vom „Aufhaltsamen Aufstieg des Arturo Ui"[339] trägt in der ersten Abschrift vom Mai 1941 den auf die Lieblingsparabelfigur Brechts verweisenden Titel „Arturo Ui (Dramatisches Gedicht) von K. Keuner", in den letzten Überarbeitungen von 1954 und 1956 findet sich schließlich der vereinfachte Titel „Der Aufstieg des Arturo Ui". Dagegen trägt der Erstdruck wieder den ursprünglichen langen Titel.[340] Außerdem gibt es vereinzelte Textänderungen[341], besonders die Einordnung der Szene 9a wird von Brecht offengelassen. Weitere Varianten sind im Prolog und in den Projektionstexten, auf die später noch einzugehen ist, zu finden. Der Epilog entsteht erst für die Erstveröffentlichung.[342] Auffällig ist insgesamt, dass die Varianten der Nachkriegsfassung deutlich auf die veränderte Rezeptionsmöglichkeit verweisen, also ein deutsches Publikum voraussetzen. So wird in der Urfassung des Prologs auf die „berühmtesten Heroen unserer Gangsterwelt"[343] verwiesen, während es in der Druckfassung nach 1945 schelmisch heißt, im Folgenden würde „eine Geschichte, die man hier kaum kennt"[344], erzählt werden.

4.2.2Geschichtsdrama, Parabel oder Anspielung?

Nach obiger Definition ist „Arturo Ui" ein Geschichtsdrama, denn es erfüllt entsprechende Kriterien: es ist gegen die Machtstruktur seiner Zeit geschrieben, es befasst sich mit einer wichtigen Zeitenwende der Geschichte, im Stück wird ein historisches Individuum in den Mittelpunkt

338 Brecht: Arbeitsjournal, S. 260.

339 Brecht: Arbeitsjournal, S. 252.

340 Vgl. Brecht, Bertolt: Stücke 2. In: Bertolt Brecht. Ausgewählte Werke in sechs Bänden. Zweiter Band. Frankfurt am Main 2005, S. 732 f.

341 Vgl. Gerz: Brecht und der Faschismus, S. 155 f.

342 Vgl. Gerz: Brechts Arturo Ui, S. 262 ff.

343 Brecht: Stücke 2, S. 495.

344 Ebenda, S. 391.

gestellt und durch die Hinterfragung von Wahrheitsschaffung im Faschismus wird auf abstrakte Weise auch der fiktive Charakter der Geschichtsschreibung thematisert. Dennoch würde Brecht selbst das Stück nie als Geschichtsdrama bezeichnen.

Nicht in der Erstausgabe, wohl aber in späteren Auflagen (z.B. der Suhrkamp-Auflage der Gesammelten Werke von 1967) trägt „Arturo Ui" den Untertitel „Parabelstück". Diese Formulierung tritt zwar in einem Brief Lothar Kusches an Brecht aus dem Jahre 1954 auf,[345] Brecht selbst verwendet aber immer wieder unterschiedliche Gattungsbezeichnungen: beispielsweise „*Parabel*stück"[346], „gangsterhistorie"[347] und „Satire"[348]. Lindner bezeichnet letzteres als die „Darstellungs*absicht*", während die Parabel die „Darstellungs*form*"[349] sei. Während in dieser Form „eine uneingeschränkte Beweisführung durch die Freiheit der Fabelfindung möglich ist, sind dem Geschichtsdrama durch die Faktizität Grenzen gesetzt."[350]

Die Parabel lebt von dem „'so wie', mit dem ein Sprecher versucht, einem Hörer einen kontroversen Sachverhalt durch ein Beispiel zu illustrieren."[351] Im Falle „Arturo Uis" ist es also der Autor Brecht, der sein marxistisches Faschismusbild anhand der Parabel des Gemüsehandels an den Leser oder Zuschauer vermitteln will. Gerz hat herausgestellt, dass die zentralen Probleme dabei die „*Rückübertragung*[352]" durch eben diesen Rezipienten und das vorausgesetzte „*Vorwissen* des Erzählers"[353] sind. Kombiniert mit der „Simplifizierung"[354], mit der die Parabel notwendig arbeiten muss, wenn sie keinen Anspruch auf Totalität erheben will, sind diese Punkte an der Faschismusparabel Brechts am häufigsten kritisiert worden. Grundsätzlich besteht aber im Epischen Theater eine Affinität zur Parabel, wenn man deren Mittel wie folgt charakterisiert: Es werden „Vorgänge der Gegenwart auf ausgewählte Elemente reduziert, auf einen entfernten Schauplatz verschoben und zur verfremdeten Fabel neu

345 Vgl. Gerz: Brechts Arturo Ui, S. 115 ff.

346 Ebenda, S. 129.

347 Brecht: Arbeitsjournal, S. 250.

348 Gerz: Brechts Arturo Ui, S. 127.

349 Lindner: Arturo Ui, S. 39.

350 Schöttker, Detlev: »Von dieser Art Naivität« - Geschichtsdrama und Parabel. In: Ders.: Bertolt Brechts Ästhetik des Naiven. Stuttgart 1989, S. 289.

351 Gerz: Brecht und der Faschismus, S. 41.

352 Ebenda, S. 43.

353 Ebenda, S. 44.

354 Gerz: Brechts Arturo Ui, S. 183.

gruppiert."[355] Im Stück geschieht dies durch die Parallelsetzung einzelner Orte und Figuren mit realen Vorbildern aus dem Nationalsozialismus. Dies wird explizit gemacht mit folgender, dem Stück angegliederter Aufstellung:

Tabelle 3[356]

Dogsborough	Hindenburg
Arturo Ui	Hitler
Giri	Göring
Roma	Röhm
Givola	Goebbels
Dullfeet	Dollfuß
Karfioltrust	Junker und Industrielle
Gemüsehändler	Kleinbürger
Gangsters	Faschisten
Dockshilfeskandal	Osthilfeskandal
Speicherbrandprozess	Reichstagsbrandprozess
Chikago	Deutschland
Cicero	Österreich

Des Weiteren könnte man z.B. in Betty Dullfeet den östereichischen Kanzler Schuschnigg, der dem Druck Hitlers 1938 nicht standhalten konnte,[357] in Sheet Charakterzüge des Kanzlers Schleicher und in Clark die des Kanzlers Papen wiederfinden.[358] Um die Parallelen offen zu legen, lässt Brecht zudem nach jeder Szene – nicht wie sonst in seinen Stücken vor der Szene – eine Tafel einblenden, die die eben dargestellten Ereignisse der Gangsterwelt auf historische Vorgänge bezieht.[359] Diese Vorgehensweise setzt allerdings ein historisch gebildetes Publikum voraus, wenngleich die Komik des Stückes oftmals auch ohne Kenntnis der Geschichte des Nationalsozialismus durch die offensichtliche Absurdität der Handlung verständlich ist. Anders als die direkten Übertragungen,

355 Lindner: Arturo Ui, S. 29.

356 Brecht: Stücke, S. 732.

357 Vgl. Betty Dullfeets Verhalten am Ende der 13. Szene („Nie! Nie! Nie!") und in der 15. Szene („[R]at ich euch / Nun euer Vertrauen zu setzten in Herrn Ui"). Siehe: Brecht: Stücke, S. 486/ 492.

358 Vgl. Lindner: Arturo Ui, S. 43.

359 Vgl. z.B. Brecht: Stücke, S. 444.

funktionieren manche sprechende Namen, z.B. ein Mensch guten Willens, der „Goodwill" heißt, auch ohne Vorwissen.
Es soll hier vermieden werden, alle Handlungsstränge direkt auf historische Ereignisse zurückführen zu wollen,[360] denn anders als Lindner gehe ich nicht davon aus, dass eine Parabel „Zug um Zug mit historischen Figuren und Vorgängen gleichgesetzt werden könnte"[361] oder möchte, vielmehr ist sie von ihren Grundeigenschaften her bereits keine „modellhafte Repräsentanz" der historischen Realität, sondern eine „*Anspielung*".[362] Dies mag auch ein Grund dafür sein, weshalb die entscheidenden Drehmomente der Handlung hinter den Kulissen ablaufen, z.B. ist die Brandstiftung nicht Teil der Bühnenhandlung, sie bleibt dahinter verborgen.[363] Müller hat richtig erkannt: Da „im Abbild zugleich die Gesetze der Erscheinungen sichtbar werden sollen, ist es von dem Abgebildeten qualitativ verschieden: die Abbildung wird dadurch zur Analogie."[364]

Dieser Sachverhalt wird gerne ignoriert und führt dann zu derartig unnötigen Feststellungen wie der Peter Schneiders: „Ui ist nicht Hitler, das Dritte Reich kein Karfioltrust."[365] Sein Argument, dass Eigenständigkeiten in Details der Handlung den Gesamtkomplex des Hitler-Aufstiegs unerklärbar werden lassen, ist dagegen ironischerweise genau treffend. Brecht wollte den Aufstieg als unerklärbar darstellen. Eine andere Kritik ist dagegen viel diskussionswürdiger: nämlich die Ansicht, dass die „essentielle Abstraktheit dessen, was wirklich sich ereignet, [sich] dem ästhetischen Bilde schlechterdings [...] verweigert."[366] Im Gegensatz zu Schneiders Ansatz, ist dies eine Formkritik an der Parabel, was sich nach dem Verständnis Brechts selbstverständlich nicht trennen ließe. So könnte die Aussage Goldhahns, „dem progressiven Inhalt [sei] eine progressive Form adäquat"[367], auch von Brecht selbst stammen. Dieser betonte im Zusammenhang des „Ui" stets, dass „ [d]er Kreis [der Parabel] absichtlich eng gezogen" sei und zwar beschränkt auf „die Ebene von

360 Brecht selbst warnt ausdrücklich davor: Brecht: Arbeitsjounal, S. 251.
361 Lindner: Arturo Ui, S. 44.
362 Ebenda, S. 47.
363 Vgl: Brecht: Stücke, S. 437 ff.
364 Müller: Funktion der Geschichte, S. 197.
365 Schneider: Atempause, S. 120.
366 Adorno: Minima moralia, S. 270.
367 Goldhahn: Parabelstück Brechts, S. 10.

Staat, Industriellen, Junkern und Kleinbürgern."[368] Schon viel früher hatte Brecht die Imitation als „eine Zusammenfassung oder ein[en] Ausschnitt"[369] definiert. Er glaubte, dass „jedes *Mehr* in diesem Gefüge [der Gangsterhistorie] ein *Zuviel*"[370] wäre. Gerz ist der Meinung, dass sich die „Praktikabilität des parabolisch Veranschaulichten [...] damit paradoxerweise gerade aus dem Verzicht auf durchgehende historische Exaktheit"[371] ergebe. Inhalt und Form ergänzen sich, wenn Brecht gegenüber Benjamin erklärt: „Dem tiefen Bedürfnis entspricht ein oberflächlicher Zugriff."[372] Man kann natürlich dennoch weiter die Meinung vertreten, dass „Brechts Technik der Reduktion [...] ihr Recht einzig im Bereich jenes l'art pour l'art"[373] hätte, aber dies ließe die Vorstellung Brechts von der Parabel als „Ei des Kolumbus" außer Acht, in dem „das Wesentliche augenfällig wird."[374]

Während Lindner die „Absurditäten" der Parabel nicht als Schwachpunkte, sondern als Stärke der Parabelhandlung erkennt,[375] betont Müller zudem, dass – ein „Einverständnis zwischen Erzähler und Hörer vorausgesetzt" – durch die „Rückübertragung der im Bildbereich gewonnenen Erkenntnis in die zugrundeliegende Realität die Wirklichkeit auf einer höheren Reflexionsstufe wiedergewonnen"[376] werden könne.

4.2.3 Die Basisverfremdung durch das Gangstermilieu

Die Machtergreifung der Nationalsozialisten wird in „Arturo Ui" verfremdet durch die Parallelsetzung zum Gangstermilieu Chicagos, das sich im Stück des Karfioltrusts der Stadt bemächtigt. Die Wahl des Wortes Karfiol (süddeutsch für Blumenkohl) und der möglicherweise damit beabsichtigte Hinweis auf ‚verkohlen' (also schwindeln oder täuschen), den

368 Gerz: Brechts Arturo Ui, S. 129.

369 Brecht: Schriften, S. 303.

370 Gerz: Brechts Arturo Ui, S. 130.

371 Gerz: Brecht und der Faschismus, S. 46.

372 Benjamin: Versuche über Brecht, S. 129.

373 Adorno: Engagement, S. 121.

374 Schumacher, Ernst: Es wird bleiben. In: Ders.: Brecht. Theater und Gesellschaft im 20.Jahrhundert. Einundzwanzig Aufsätze. Berlin 1975, S. 17.

375 Vgl. Lindner: Arturo Ui, S. 101 f.

376 Müller, Klaus-Detlef: Das Ei des Kolumbus. Parabel und Modell als Dramenformen bei Brecht ·Dürrenmatt · Frisch ·Walser. In: Beiträge zur Poetik des Dramas, hg. v. Werner Keller, Darmstadt 1976, S. 437.

K. H. Ruppel in einer Rezension von 1958 anmerkt,[377] zeigen bereits, wie weit weg vom angeblichen amerikanischen Spielort das Stück tatsächlich ist. Von den Auseinandersetzungen zwischen einzelnen Gangs, die Brecht in seiner New Yorker Zeit mitverfolgte, hat er besonders das ‚racketeering' übernommen. Dies war der Ausdruck für die Drohungen und Erpressungen, denen Händler und Gastwirte ausgesetzt wurden, um ihnen anschließend den Schutz der Gangster anzubieten.[378] Brecht war sich schon bei der Entstehung des Stückes bewusst, dass die „[W]irkung der doppelverfremdung – gangstermilieu und großer stil – [...] schwer vorausgesagt werden"[379] kann. Auf die zweite Verfremdung wird später noch einzugehen sein, erstere war vor allem Brechts „Versuch, der kapitalistischen Welt den Aufstieg Hitlers dadurch zu erklären, daß er in ein ihr vertrautes Milieu versetzt wurde."[380]

Man mag dies wie Melchinger als „geniale Mißgeburt"[381] empfinden, aber für Brecht ist die „Affinität zwischen bürgerlicher Gesellschaft und Kriminalität"[382] schon von Grund auf gegeben. Und „[e]s fällt auf, dass Brecht die simple Darstellung vermeidet, Ui als vom Kapital gekauften Gangster hinzustellen."[383] Außerdem wählt er mit dem Blumenkohlhandel einen Geschäftszweig, der den „Zusammenhang zwischen der alltäglichen Gewöhnlichkeit und den gezeigten Vorgängen"[384] unterstreicht. Dabei achtete Brecht sehr auf Details, z.B. wird der ‚handshake murder', der bei Romas Erschießung zum Einsatz kommt, zur Zeit Al Capones in Chicago eingeführt. In der Forschung gibt es unterschiedliche Ansichten darüber, ob Al Capones Leben insgesamt genauso als Hintergrund des Dramas dient wie die Machtergreifung Hitlers[385], oder ob „in der NS-Parabel eine getreue Abbildung der Al Capone-Karriere entdecken zu wollen, [...] zu weit"[386] gehe. Dieter Thiele hat zurecht darauf verwiesen, dass „in den Biografien Hitlers und Al Capones tatsächliche (zufällige) Parallelen (dunkle Herkunft, Einüben gesellschaftlicher Verhaltensregeln,

377 Vgl. Wyss: Brecht in der Kritik, S. 355.
378 Vgl. Brecht: Stücke 2, S. 730.
379 Brecht: Arbeitsjournal, S. 250.
380 Gerz: Brechts Arturo Ui, S. 127.
381 Wyss: Brecht in der Kritik, S. 257.
382 Gerz: Brecht und der Faschismus, S. 234.
383 Lindner: Arturo Ui, S. 50.
384 Gerz: Brechts Arturo Ui, S. 207.
385 Vgl. Selinger: Amerikabild Brechts, S. 203 ff.
386 Lindner: Arturo Ui, S. 37.

Absteigen in Hotels)"[387] bestehen, die den besonderen historischen Witz dieser Verfremdung ausmachen. Außerdem ist der „Widerspruch für Brecht Inbegriff der Lebendigkeit"[388], was deutlich macht, dass ihm an einer Eins-zu-eins-Übertragung in keiner Weise gelegen sein kann. Dennoch ist zu beobachten, dass man z.B. Uis Rede vor den Gemüsehändlern im Büro des Karfioltrusts (Szene 7) als „Äquivalent zur Wahlrede des späteren Chicagoer Bürgermeisters William Hale Thompson"[389] lesen *kann*. Die Ermordung Romas (Szene 11) ist in allen Einzelheiten dem ‚St. Valentins Massaker' vom Februar 1929 nachempfunden.

So wurde z.B. der Schauplatz der Garage übernommen – wohingegen der mit dem historisch verfälschenden Ausdruck ‚Röhm Putsch' bekannte tatsächliche Vorgang sich in die Verhaftung Röhms in einer Pension in Bad Wiessee und in die anschließende Erschießung im Gefängnis München-Stadelheim aufteilt. Selinger sieht weitere Parallelen in fast allen Charakteren des Dramas, z.B. im Falle Dullfeets in dem Journalisten Arthur St. John von der „Berwyn Tribune", der gegen die Ausweitung von Al Capones illegalem Alkoholvertrieb auf einen Vorort von Chicago vorging.[390] Unbestritten bleibt dabei allerdings die Tatsache, dass Brecht unzählige Amerikanismen in das Stück einbaut, z.B. „fischig"[391] (fishy = verdächtig, anrüchig, faul) oder „Supper"[392] (Abendessen). Da das Stück als „Gastgeschenk"[393] für sein neues Aufenthaltsland gedacht war, versucht es stärker noch als frühere Werke Brechts die „Praktiken der kapitalistischen beziehungsweise jeder auf Ausbeutung beruhenden Gesellschaft, de[n] Mechanismus der ‚Geschäfte' (im weitesten Sinn) und die daraus resultierenden Gesetzmäßigkeiten sowie die Denaturierung, Verkrüppelung, Pervertierung alles Menschlichen"[394] aufzuzeigen. Das vorherrschende kritisierte Prinzip ist also: „Die Macht hat der, der zahlt."[395]

387 Thiele: Arturo Ui, S. 11.
388 Müller: Funktion der Geschichte, S. 47.
389 Selinger: Amerikabild Brechts, S. 206.
390 Vgl. Selinger: Amerikabild Brechs, S. 209.
391 Brecht: Stücke 2, S. 395.
392 Ebenda, S. 398.
393 Goldhahn, Johannes: Das Parabelstück Bertolt Brechts. Als Beitrag zum Kampf gegen den deutschen Faschismus. Dargestellt an den Stücken „Die Rundköpfe und die Spitzköpfe" und „Der aufhaltsame Aufstieg des Arturo Ui". In: Wir diskutieren, Heft 7, Hg. v. Fritz Zschech, Rudolstadt 1961, S. 77.
394 Kaufmann: Bertolt Brecht. Geschichtsdrama, S. 105.
395 Brecht: Stücke 2, S. 417.

Adorno sieht die Kapitalismus-Kritik als problematisch an, weil die „politische Ökonomie [...], deren Darstellung sie sich [...] zur Aufgabe setzt, [...] unverändert im Prinzip, doch in jedem ihrer Momente so differenziert und fortgeschritten [ist], daß sie [sich] der schematischen Parabel [...] entzieht.“[396] Dass Geld allein Recht schafft, zeigt „Arturo Ui“ aber deutlich, wenn beispielsweise Roma Ui beruhigt: „Für Grünzeugläden / Schießt keine Polizei. Sie schießt für Banken.“[397]

Johannes Goldhahn weist auch darauf hin, dass die italienischen Namen des Stückes für die „Exponenten der offenen, brutalen Unterdrückung“ in Anspielung auf die Mafia reserviert sind, während die amerikanischen Namen „der verschleierten Herkunft“[398] des Karfioltrusts dienen. Diese Trustherren wirken zunächst wenig gangsterhaft, benehmen sich allerdings als Dulder des Terrors (Vgl. Mulberry: „Ihr, jetzt heißt’s wählen zwischen [Ui] und nur noch / Der Heilsarmee. Wo schmeckt das Süppchen besser?“[399]) schließlich keineswegs besser als die wahren Gangster. „Dabei bleibt ihr Verhältnis zu [Ui] durchgängig ambivalent, weil sie [seine] Methoden moralisch verurteilen.“[400] Mit der Übernahme des Gemüsehandels durch das Gangstermilieu zeigt sich allerdings die grundsätzliche Verwandtschaft von beiden, wodurch Brecht es schafft, sein Bild vom Kleinbürgertum und seiner Nähe zum Nationalsozialismus verfremdend an den Leser zu vermitteln.

4.2.4 Der ‚Große Stil’ und das Theater des Faschismus

„Arturo Ui“ thematisiert den deutschen Faschismus nicht nur inhaltlich, sondern Brechts besondere Kunst liegt in der Aufzeigung der faschistischen Theatralisierung auf der formalen Ebene. Als Verfremdungseffekt dient zunächst die Jahrmarktsszenerie im Prolog, die Brecht bereits 1936 an der chinesischen Schauspielkunst bewunderte.[401] Der Ansager ist „eine maskierte Autorinstanz, die vorweg das Geschehen überschaut und

396 Adorno, Theodor W.: Minima moralia. Reflexionen aus dem beschädigten Leben. Frankfurt am Main 1951, S. 271.
397 Brecht: Stücke 2, S. 406.
398 Goldhahn: Parabelstück Brechts, S. 83.
399 Brecht: Stücke 2, S. 394.
400 Gerz: Brecht und der Faschismus, S. 235.
401 Brecht: Schriften, S. 232.

auf die Artifizialität der Handlung verweist.“[402] Gerz erkennt in Ansager und Prolog die Artizipation der *„postfaschistischen Rezeptionssituation“*.[403] Während in der frühen Variante des Prologs noch alle Gangster einzeln für das „Gangsterstück, das jeder kennt“[404] vorgestellt bzw. diffamiert werden, wird der Zuschauer der Nachkriegszeit nur noch aufgefordert die „Gangsterschau“ zu genießen.[405]

Die kleine Veränderung der Aufforderung „Ruhe dort hinten, Leute“[406] in der frühen Variante zu „bitte, etwas mehr Unruhe dort hinten, Leute!“[407] in der späteren Fassung, ist nicht nur eine zusätzliche Verfremdung, sie zeigt auch mehr als deutlich, was Brecht sich von dem Nachkriegspublikum – anders als dem zum Schweigen gebrachten Volk unter den Nationalsozialisten – erhoffte. Natürlich dienen auch der Epilog und die Montagetechnik der Szenen, die eine theoretische Durcheinanderwürfelung zulassen, der Verfremdung. Deutlicher als alles andere sind es aber die großen Schrifttafeln am Ende jeder Szene, die die Doppelverfremdung aufzeigen sollen. Der Zuschauer wird im Nachhinein gezwungen, die gesehene oder gelesene Szene auf dem neuen Informationsstand umzuinterpretieren.

Nicht umsonst versieht Brecht das Drama mit Hinweisen für die Aufführung: so wird bereits vor Beginn des Stückes festgelegt, dass es „im großen Stil [...] mit deutlichen Reminiszenzen an das elisabethanische Historientheater“[408] aufgeführt werden soll. Als Musik sind anders als in den meisten Dramen Brechts nur gelegentliche Orgelspiele und Trommeleffekte vorgesehen, um die „Darstellung in schnellstem Tempo“[409] nicht zu gefährden. Diese künstliche Welt, die so gar nicht zur Thematik des Stückes passen mag, passt doch perfekt zum Selbstverständnis der Gangster und sie bezieht sich direkt auf das Verhalten der Faschisten, das Brecht „besonders theatralisch“[410] nennt. Wenn diese „tief versunken in den Musikgenuss“[411] einem schmalzigen Lied lauschen, ist das nicht nur eine Anspielung auf die Opernbesuche der Nazigrößen, sondern

402 Gerz: Brecht und der Faschismus, S. 240.
403 Ebenda.
404 Brecht: Stücke 2, S. 496.
405 Vgl. Ebenda.,S. 390.
406 Brecht: Stücke 2, S. 496.
407 Ebenda, S. 391.
408 Ebenda S. 390.
409 Brecht: Stücke 2, S. 390.
410 Brecht: Schriften, S. 423.
411 Brecht: Stücke 2, S. 443.

Einfühlung, die Brecht als das Ziel der faschistischen Propaganda ansieht,[412] wird direkt als faschistische Methode offen gelegt. Natürlich ist sonst eher die umgekehrte Situation der Fall : die Unterdrückten sollen sich in die Machthaber einfühlen, die ihnen ein Spiel bieten, das so leicht zu durchschauen ist und doch gerne undurchschaut bleibt.

Besonders deutlich wird dies in „der nahezu filmischen Konstruktion"[413] der Gerichtsszene des Speicherbrandprozesses[414], in der die offensichtliche Gewaltsausübung auf die Zeugen eine selbstverständliche Tatsache darstellt: So sagt der Zeuge Hook zunächst aus, dass sein Grundstück an die Reederei Sheet grenze, nach einer Vertagung, die offensichtlich nur dazu diente, ihn zusammenzuschlagen, antwortet er auf die Frage, ob die Reederei an sein Grundstück grenze „*nach einer Pause:* / Nein."[415] Wenn Wahrheiten von den Mächtigen gemacht werden und dies unter den Augen der Weltöffentlichkeit geduldet wird, sind es nicht mehr die Zeugen, über die hier entschieden werden soll, sondern die Szene hält Gericht über das Gericht der Faschisten.[416] Wunderbar ironisch klingt damit die Äußerung des Richters: „Der Gerichtshof stellt fest, daß er von keiner Seite irgendeinem Druck ausgesetzt wurde und in völliger Freiheit amtiert."[417] Die Gerichtsverhandlung kann als Schlüsselszene gewertet werden, auch weil die folgenden Szenen „vornehmlich in der Nacht (Szenen 10, 12, 15) und auf dem Friedhof"[418] spielen.

Die Theatralisierung des Faschismus findet in der Schauspielszene[419] einen noch expliziteren Ausdruck. Die Szene geht zum einen auf die Behauptung Oldens zurück, dass Hitler bei dem Provinzschauspieler Basil Unterricht genommen habe, zum anderen erklärt Brecht, ein Schauspieler habe ihm dies „vor Jahren erzählt."[420] Dagegen ist erst durch die Biographie des Operntenors Paul Derrient von 1975 verbürgt, dass Hitler bei diesem Rat suchte wegen seiner strapazierten Stimmbänder. Gestellte Bilder von Hitlers Leibfotografen Hoffmann waren Brecht aller-

412 Vgl. zu Hitlers Einschätzung der Masse: Eisold, Paul W.: Hitler wie er wirklich war. Entthronung eines Götzen. Dresden 1946, S. 26 f.

413 Gerz: Arturo Ui. Jan-Knopf-Handbuch, S. 467.

414 Ebenda, S. 445 ff.

415 Ebenda, S. 449.

416 Vgl. Kaufmann: Bertolt Brecht. Geschichtsdrama, S. 117.

417 Brecht: Stücke 2, S. 450.

418 Thiele: Arturo Ui, S. 40.

419 Brecht: Stücke 2, S. 431 ff.

420 Brecht: Schriften, S. 423.

dings auch schon 1941 zugänglich.[421] Bereits über Giacomo Ui von 1934 wird ausgesagt: „Seinem Aussehen verdankte er wenig, seinem Auftreten alles."[422] Im Drama-Ui beginnt die Szene bezeichnenderweise in Prosa. Indem ein Schauspieler Ui das „Gehen", „Stehen", „Sitzen" und „Reden" als „antiker / Held"[423] beibringt, wird „Uis Gestik und Rhetorik als eingeübte Machtinszenierung durchsichtig."[424] Als sich Givola über die Unnatürlichkeit des „großen Stil[s]"[425] beklagt, antwortet Ui: „ Kein Mensch ist heut natür- / lich. Wenn ich gehe, wünsch ich, daß es bemerkt / Wird, daß ich gehe."[426] Er lässt auch keinen Zweifel daran aufkommen, für wen er diese Gestik inszeniert, denn er will so wirken, „wie sich der kleine / Mann halt seinen Herrn vorstellt".[427] Deswegen studiert Ui auch nicht irgendeine Rede ein, sondern das Musterbeispiel der demagogischen Ansprache: Antonius' Rede aus Shakespeares „Julius Caesar". Der Schauspielunterricht macht sich im Folgenden also besonders in Uis großen Reden bemerkbar. Zwar gebraucht er bei seinem Gespräch mit Dogsborough in Szene 4 bereits ein Repertoire an Wörtern, um z.B. seine Herkunft zu beschreiben: „Sohn der Bronx und / einfacher Arbeitsloser"[428], diese treten aber danach vermehrt auf.[429] Überzeugend verfremdet Brecht in allen Ansprachen Uis die Affinität Hitlers zu starken Worten, die ein „ungebrochenes *Sendungsbewusstsein*"[430] demonstrieren sollen, wie „Einigkeit", „Opfer", „Schutz"[431] oder „Ruhe und Sicherheit und Friede!"[432] Am auffälligsten ist die häufige Verwendung des Wortes „Glaube" – „zwölfmal allein [in der Ansprache zur Einigung der Lager um Roma auf der einen und Givola und Giri auf der anderen Seite, Szene 10[433]], durch Adjektive wie ‚fanatisch' und unerschütterlich' ver-

[421] Vgl. Lindner: Arturo Ui, S. 58/ Gerz: Arturo Ui. Jan-Knopf Handbuch, S. 466.
[422] Brecht: Prosa, S. 370.
[423] Brecht: Stücke 2, S. 436.
[424] Gerz:: Arturo Ui. Jan-Knopf-Handbuch, S. 466.
[425] Brecht: Stücke 2, S. 431.
[426] Ebenda, S. 432.
[427] Brecht: Stücke 2, S. 434.
[428] Ebenda, S. 415.
[429] Vgl. Ebenda, S. 435/ 440/ 484/ 493.
[430] Gerz: Brecht und der Faschismus, S. 235.
[431] Brecht: Stücke 2, S. 438.
[432] Ebenda, S. 439.
[433] Brecht: Stücke 2, S. 459 f.

stärkt."[434] Thiele sieht darin die formale Gestaltung „als umgedrehtes Gebet"[435].

Ein Beispiel aus einer Rede Hitlers auf dem Parteitag 1936 lässt leicht erkennen, wie nahe Brecht damit dem Wortschatz des ‚Führers' kam: „Es war das Wunder des Glaubens, das Deutschland gerettet hat."[436] Außerdem parodiert Brecht Hitlers Vorliebe, „unwichtige" Details in Aufzählungen mit der Formulierung „undsoweiter" abzukürzen,[437] wenn er Ui am Ende seiner Rede „oder was weiß ich"[438] sagen lässt. Thiele weist auch noch auf die Nachahmung des „Tags von Potsdam" in der Stilisierung von Hindenburg und Hitler bzw. Dogsborough und Ui zu „Vater und Sohn" und Hitlers häufige Gestik bei großen Auftritten, ein Kind unter das Kinn zu fassen, hin[439]. Diese alle machen ihn genauso unglaubwürdig wie die Verssprache, die der„ho(h)l[e] Stil"[440] fordert.[441] Der stets verwendete Jambus hat als „leiernde[r] Rhythmus [...] die Neigung, über Widersprüche des Ausgesagten hinwegzuleiten; der Vorgang des Deklamierens verselbstständigt sich leicht gegenüber dem, was da deklamiert wird."[442] Gerz betont richtig, dass „Gangster und Blumenkohlhändler in Jamben agieren zu hören [...] lächerlich"[443] wirkt. Die Verssprache klassischer Dramenfiguren deckt auf, dass die „Agierenden sich gern als weltgeschichtlich bedeutende Persönlichkeiten verstehen möchten, während ihr Auftreten diesen Anspruch mit jeder Zeile dementiert."[444] Klassische Muster werden auch in Anspielungen und ganzen Szenenvorlagen mit der berühmten Brechtschen „Laxheit in Fragen geistigen Eigentums"[445] übernommen.

---

434 Gerz: Arturo Ui. Jan Knopf-Handbuch, S. 468.

435 Thiele: Arturo Ui, S. 40.

436 Goldhahn: Parabelstück Brechts, S. 76.

437 Vgl. Lindner: Arturo Ui, S. 118.

438 Brecht: Stücke 2, S. 438.

439 Vgl. Thiele: Arturo Ui, S. 39.

440 Gerz: Brechts Arturo Ui, S. 213.

441 Weitere Untersuchungen zur Syntax und Wortwahl in Uis Reden: Lindner: Arturo Ui, S. 116 f.

442 Heeg, Günther: Das Straßentheater der Nazis und das klassische Drama. Die Geschichte des »kleinen großen Mannes« im Aufhaltsamen Aufstieg des Arturo Ui. In: Ders.: Die Kunst in der Geschichte und die Geschichte im Kunstwerk. Studien zur Genese und Funktion der »Wendung zur Geschichte« in der materialistischen Literaturtheorie und in der literarisch-politischen Praxis antifaschistischer Schriftsteller in den 30er Jahren. Würzburg 1976, S. 147.

443 Gerz: Brechts Arturo Ui, S. 193.

444 Lindner: Arturo Ui, S. 41.

445 Brecht: Schriften, S. 87.

Neben der Antonius' Rede finden sich weitere Shakespeare-Zitate, z.B. der Geiterauftritt Romas, dem eine Szene in „König Richard III." zugrunliegt.[446] Außerdem wird die Werbeszene aus diesem Shakespearewerk in Szene 13 parodiert. Zuvor kommt es zur wohl berühmtesten Szene des „Arturo Ui": dem Spaziergang im Garten aus Goethes „Faust" nachempfundenen Spaziergang im Blumenladen, bei dem Betty Dullfeet und Ui immer wieder den Weg von Dullfeet und Givola kreuzen. Auffällig sind in dieser Szene vor allem die gereimten Schlussworte jedes Verses, die Bände sprechen, über die Weltsicht der Gangster: „Erlebnisse" – „Begräbnisse", „Brot" – „Tod", „nicht angewiesen" – „warnen ließen"[447] etc. Bezeichnend ist zudem, dass die Gretchenfrage hier in folgenden Dialog verwandelt wird: „BETTY / Herr Ui, wie halten Sie's mit der Religion? / UI / Ich bin ein Christ. Das muss genügen. / BETTY / Schon. / Jedoch die zehn Gebote, woran wir hängen...? / UI / Solln sich nicht in den rauhen Alltag mengen!"[448] Selbst die Religion ist nur noch Schein in der Welt dieser Gangster. So dient das offensichtliche Zitat des klassischen Vorbilds dazu, aufzuzeigen, dass die Kostümierung „keinen anderen Zweck erfüllt, als dem ganz zweckrationalen Terror des Karfiolgeschäfts ‚dramatischen' Glanz zu verleihen".[449] Oder wie es Givola wenig verhüllend Dullfeet gegenüber klar zu machen versucht: „Wir sprechen durch die Blume".[450] Melchinger hat vielleicht zu Recht darauf hingewiesen, dass diese Verfremdung wohl kaum im amerikanischen Sprachraum gewirkt hätte: „[W]ie viele Leute in Amerika kennen den ‚Faust'?"[451] Genauso wäre es dem Publikum in den USA wohl mit den Schiller-Zitaten des Stückes gegangen, z.B aus dem Wallenstein: „Dem Gangster flicht die Nachwelt keine Kränze!"[452]. Auch die Praxis des elisabethanischen Theaters, die Brecht übernimmt, nämlich die letzten beiden Verse einer Szene zu reimen (außer in der Schauspielszene)[453], wäre wohl eher unbemerkt geblieben.

446 Brecht hat sich mit dieser Stellle ausgiebig befasst: Vgl. Brecht: Schriften zum Theater 5. Der Messingkauf, S. 121 ff.

447 Vgl. Ebenda.

448 Brecht: Stücke 2, S. 477 f.

449 Heeg: Das Straßentheater der Nazis, S. 146.

450 Brecht: Stücke 2, S. 478.

451 Wyss: Brecht in der Kritik, S. 358.

452 Brecht: Stücke 2, S. 408.

453 Vgl. Gerz: Arturo Ui. Jan Knopf-Handbuch, S. 462.

Aber die formale Seite der Faschismuskritik kommt mit diesen Mitteln nicht nur darin zum Ausdruck, dass man die Kluft zwischen klassischem Anspruch und Realität des Terrors erkennt, sondern

> der hohe und der niedere Pol [...] finden sich auch in einer Mitte, in der die Extreme mehr schlecht als recht, aber wirklich zusammenpassen: es ist der ‚große kleine Mann', der vor der Kultur nicht als ‚echt' bestehen kann, aber ihre Geschichte, die aus den alten Formen verschwunden ist, in seinen ‚Dramatisierungen' fortsetzt.[454]

4.2.5 Eine Komödie des Grauens

In einem Gespräch mit Walter Benjamin überlegt sich Brecht 1934, was er auf die Frage: „Ist es Ihnen eigentlich ernst?" vor einem Tribunal antworten würde. Und er gesteht: „Ich müßte dann anmerken: ganz ernst ist es mir nicht. Ich denke ja auch zu viel an Artistisches, an das, was dem Theater zugute kommt, als daß es mir ganz ernst sein könnte."[455] Im Zusammenhang mit „Arturo Ui" ist es – besonders für die deutsche Forschung – nie leicht gewesen, zu verstehen, wie Brecht ein lustiges Stück über den Faschismus schreiben konnte. Deshalb spalten sich die Lager in diejenigen, die dem Stück einen „tragikomischen Zug"[456] zugestehen, in diejenigen, die „bei aller scheinbaren Albernheit hintergründige[n] und nicht selten sehr ernsthafte[n] Humor"[457] oder einen „unverkennbar humoristischen Aspekt"[458] feststellen und das Stück somit als „Komödie – unterhaltsam und scharfsinnig, lehrreich und aggressiv"[459] definieren würden, und in diejenigen, die in ihm eine „komische Satire"[460] erkennen.

Ich möchte mich der letzten Position anschließen, die auch Ingo Breuer vertritt, wenn er herausstellt, dass Brecht mit „satirischen Mitteln [arbeitet], auch wenn die komische bis lächerliche Seite der Satire angesichts

454 Heeg: Das Straßentheater der Nazis, S. 148.
455 Benjamin: Versuche über Brecht, S. 118.
456 Kaufmann: Bertolt Brecht. Geschichtsdrama, S. 140./ Vgl. Kesting: Das epische Drama, S. 65.
457 Grimm: Bertolt Brecht, S. 39.
458 Gerz: Arturo Ui. Jan Knopf-Handbuch, S. 469.
459 Mennemeier/ Trapp: Deutsche Exildramatik, S. 56.
460 Mennemeier: Antifaschistische Exildramatik, S. 71./ Vgl. Thiele: Arturo Ui, S. 19.

des Ernsts des Verhandelten gelegentlich abhanden kommt."[461] Peter Christian Giese hat herausgearbeitet, warum es für ein Stück Brechts unpassend ist, von einer Tragikomödie zu sprechen: „Anstatt [...] wenigstens zu bemerken, dass das Komische den gesellschaftlichen Bereich seiner Gegenstände ständig erweitert hat, meint man, ihm sozusagen aushelfen zu müssen, ihm mit der Kopplung mit dem angeblich wertvolleren Tragischen eine höhere Weihe zu geben."[462] Während Kaufmann betont, dass eine „Hitler-Komödie des Jahres 1941 [...] schlechterdings keinen heiteren Schluss haben"[463] konnte, weist Giese auf Brechts Intentionen hin und betont, dass die Thematik des Stückes gar nicht „Leben unter dem Faschismus"[464] sei, sondern eben der Aufstieg der Faschisten, die lächerlich gemacht werden sollen. Brecht ist der Auffassung, dass „die Tragödie die Leiden der Menschen häufiger auf die leichte Schulter nimmt als die Komödie."[465] Allgemein besteht für ihn „für die scharfe Trennung der Genres kein Grund mehr"[466]. Aber Brecht hätte sicherlich niemals von Tragikomödie gesprochen, sondern er sah die Möglichkeit der Vermischung anders: „Über unsere Clowns werden Tränen vergossen, vor unsern Tragödien hält man sich den Bauch. Kurz, bei uns ist alles möglich, ich möchte sagen: leider."[467] Damit wird klar, dass es nicht nur lustig sein soll, wenn z.B. der Gangster Givola einen mit sprachlichem Witz versehenen Kommentar zum Speicherbrand abgibt: „Erst Mord / Dann Brandstiftung! Ja, jedem, wie mir scheint / Geht da ein Licht auf! Jeder ist gemeint!"[468] Es geht darum, traurige Tatsachen humorvoll zu vermitteln, so dass dem Publikum ‚ein Licht aufgeht'. Allerdings widerspricht Giese der Absicht Brechts, wenn er erklärt:

„Die Komödie stellt keinen metaphysischen Anspruch und weist auf das gesellschaftlich Bedingte und Änderbare des Dargestellten hin, indem sie das Schlechte komisch diskreditiert".[469] Genau das will nämlich Brechts Komödie und daher ist sie mehr als Komödie – sie ist Satire, denn „Arturo Ui" ist „erstens der Angriff auf irgendein nicht fiktives, erkennbares

---

461 Breuer: Theatralität und Gedächtnis, S. 109.

462 Giese, Peter Christian: Das »Gesellschaftlich-Komische«. Zur Komik und Komödie am Beispiel der Stücke und Bearbeitungen Brechts. Stuttgart 1974, S. 50.

463 Kaufmann: Bertolt Brecht. Geschichtsdrama, S. 138.

464 Giese: Das »Gesellschaftlich-Komische«.,S. 51 ff.

465 Gerz: Brechts Arturo Ui, S. 129.

466 Brecht: Schriften, S. 637.

467 Brecht: Schriften zum Theater 5. Der Messingkauf, S. 12.

468 Brecht: Stücke 2, S. 444.

469 Brecht: Stücke 2, S. 53.

und aktuell wirksames Objekt individueller oder allgemeiner Art“[470], nämlich auf Hitler und seinen Aufstieg zur Führerpersönlichkeit. Zweitens besteht eine „Normbindung des Angriffs [..., der] helfen soll, eine Norm oder Idee durchzusetzen“[471], nämlich die des Marxismus. Und drittens nutzt Brecht die „Indirektheit“[472] der Parabelform. Dabei gibt es zwei zentrale Elemente der Komik: den Überraschungseffekt, also die enttäuschte Erwartung, und die fehlerhafte Logik.[473] Lindner hat darauf hingewiesen, dass die Parabel „streng stückimmanent genommen [...] absurdes Theater“[474] ist. Es ist nicht logisch erklärbar, warum z.B. Dogsborough ausgerechnet auf die Hilfe Uis zur Klärung des Dockshilfeskandals setzt. Genauso wenig logisch, und deshalb komisch, wirkt die Aussage Giris vor dem Speicherbrandgericht: „Ich war den ganzen Tag auf einer Spazier- / fahrt nach Cicero, wo ich 52 Leute traf, die beschwö- / ren können, daß sie mich gesehen haben.“[475] Genau diese Unlogik ist es, die Brecht herausstellen will, denn die „Absurditäten des Stückgeschehens verschieben sich zur Absurdität der realen Geschichte“[476] und somit wird die Handlung hinterfragt und als ‚aufhaltsam' erkennbar. Mit dem Titel „Der aufhaltsame Aufstieg des Arturo Ui“ ist Brecht also die Verwirklichung des komischen Elements des Überraschungseffekts gelungen. Der Leser erwartet, dass ein Aufstieg unaufhaltsam ist und er fragt sich, warum dieser es nicht ist.

Die Wahl des Namens „Arturo Ui“ wurde interessanter Weise von der Forschung bisher wenig beachtet: Goldhahn sieht den „Anklang der bestimmenden Vokale an das Adolf Hitler des historischen Vorbildes“[477] und er weist auch auf eine Rezension Erich Lissners hin, der in „Ui“ die „altbayrische Interjektion, die auch in Augsburg jedes Kind gebraucht, wenn es auf etwas Erstaunliches, etwas Erschreckendes stößt“,[478] zu erkennen glaubt. Wagner assoziiert ein „verwehendes Blatt im Buch der

470 Brummack, Jürgen: Satire. In: Reallexikon der deutschen Literaturwissenschaft. Band 3, hg. v. Merker, Paul / Kohlschmidt, Werner/ Kanzoq, Klaus/ Mohr, Wolfgang, Berlin 1977, S. 602.

471 Ebenda.

472 Brummack, Jürgen: Satire. S. 602.

473 Vgl. Grimm: Bertolt Brecht, S. 26 ff.

474 Lindner: Arturo Ui, S. 101.

475 Brecht: Stücke 2, S. 446.

476 Lindner: Arturo Ui, S. 102.

477 Goldhahn: Parabelstück Brechts, S. 84.

478 Ebenda.

Weltgeschichte"[479]. Bedenkt man Brechts Kritik an den Tuis („Tellektuell-in"[480]), den Intellektuellen, die seiner Meinung nach ihren Intellekt an die Machthaber vermieten, so könnte man schlussfolgern, dass Brecht Hitler diesem Kreis zuordnet, ohne ihm allerdings den – vielleicht entscheidenden – „Tellekt" zuzugestehen[481]. Es bleibt also offen, ob Hitler nun Mieter oder Vermieter des Intellekts ist.
Komische Überraschungsmomente finden sich auch in der Handlung selbst, z.B. wenn O'Casey nach dem Mord an Sheet auf einen Kommentar Clarks über dessen „unerwarteten Tod" antwortet: „Freilich: Unerwartet / Kommt oft erwartet, man erwartet oft / Was Unerwartetes, so ist's im Leben."[482] Diese Form der Komik ist es auch, die Brecht benutzt, wenn er Giri und seine Männer mit großen Petroleumkannen quer über die Bühne laufen lässt, bevor der Speicherbrand entsteht.[483] Man lacht, weil die offensichtliche Gewalt von keinem der Charaktere bekämpft wird, aber das „Lachen gefriert auf den Lippen"[484], sobald man die Parabel auflöst. Adorno kritisiert: „[Der] Spaß des Faschismus, den auch Chaplins Film registrierte[485], [sei] unmittelbar zugleich das äußerste Entsetzen.

[Würde] dies unterschlagen, [würde] über die armseligen Ausbeuter von Gemüsehändlern gespottet, wo es um wirtschaftliche Schlüsselpostionen geh[e], so verpuff[e] der Angriff."[486] Aber Brecht will keine puren Verspottungen, sondern ermahnt ausdrücklich dazu, „reine Travestie zu vermeiden, und das Komische [...] nicht ohne das Grausige"[487] darzustellen. Da Brecht aber daran glaubt, dass in einer Leichtigkeit auf der Bühne „jeder Grad von Ernst erreichbar"[488] ist, gibt es „für das Denken gar keinen besseren Start [...] als das Lachen"[489]. Er sieht in Hitler einen humorlosen Menschen – schon Guacomo Ui spricht er die Fähigkeit zu la-

479 Wagner, Frank Dietrich: Die Geschichte des Giacomo Ui. In: Ders.: Bertolt Brecht. Kritik des Faschismus. Opladen 1989, S. 297.

480 Thiele: Arturo Ui, S. 6.

481 Über Guacomo Ui lässt Brecht den Chronikschreiber sagen: „Er sah unsäglich unintelligent aus." Brecht: Prosa, S. 371.

482 Brecht: Stücke 2, S. 421.

483 Vgl. Ebenda, S. 442.

484 DIE WELT, 21. November 1958, zitiert nach Gerz: Brechts Arturo Ui, S. 187.

485 Anspielung auf „The great dictator" von 1940.

486 Adorno: Engagement, S. 120.

487 Brecht: Stücke 2, S. 190.

488 Brecht: Schriften zum Theater 5, Der Messingkauf. S. 233.

489 Benjamin: Versuche über Brecht. S. 113.

chen ab[490]. Und als würde er damit das tägliche Theater der Nazis beschreiben, erklärt der Philosoph im ‚Messingkauf': „Ein Theater, in dem man nicht lachen soll, ist ein Theater, über das man lachen soll. Humorlose Leute sind lächerlich."[491] Und wer müsste nicht lachen, wenn in der Schlussszene der ‚Hitler-Gruß' durchaus enthüllend als einfaches „Hände hoch"[492] parodiert wird.
Schließlich muss man der Satire eine grundsätzliche Verwandtschaft mit dem epischen Theater zugestehen, wenn man Kaufmanns Ansicht teilt, dass die „komische Wirkung immer damit zu tun [hat], dass etwas anderes geschieht oder gesagt wird, als zu erwarten war."[493] Jacques Lemarchand liegt richtig, wenn er feststellt: „Die Tatsache, daß der Maßstab, nach dem sich [Uis] Handlung vollzieht, armselig und trivial ist, vergrößert für uns Wissenden den Schrecken."[494] Geschichtlich betrachtet ist die Form der Komödie also angemessen zum „Festhalten des Unerklärbaren."[495]

4.2.6 Wirklichkeitsabbildung versus Realismus

Zuletzt soll nun überlegt werden, an welchen Stellen Brecht die historischen Tatsachen verfremdet, um seinem Realismus-Verständnis gerecht zu werden, und wie weit dies Kritik hervorruft.
Es steht außer Frage, dass Brechts Faschismusdarstellung in „Arturo Ui" eine Verkleinerung ist – Themen wie die Rassenideologie oder die Vernichtung der Juden wurden anders als im Prosa-Ui ausgespart.[496] Jedoch war das Ausmaß der Grausamkeiten zur Entstehungszeit des Stückes auch noch nicht bekannt. Anders verhält es sich mit folgenden Verfremdungen:

4.2.6.1 Arturo Ui als Hitlerfigur

‚Die Welt' schreibt am 21.11.1958: „[D]as Phänomen Hitler, die Möglichkeit seines Aufstiegs, gelegentlich als kapitalistisches Exempel statu-

490 Vgl. Brecht: Prosa, S. 371.
491 Brecht: Schriften zum Theater 5. Der Messingkauf, S. 234.
492 Brecht: Stücke 2, S. 493.
493 Kaufmann: Bertolt Brecht. Geschichtsdrama, S. 135.
494 Wyss: Brecht in der Kritik, S. 468.
495 Gerz: Brechts Arturo Ui, S. 199.
496 Vgl. Brecht: Prosa, S. 365.

iert und das Böse auf Spekulationen am Grünkohlmarkt reduziert – das verursacht [...] Beklemmung."[497] Adorno stimmt dem zu: „Das wahre Grauen des Faschismus wird eskamotiert; er ist nicht länger ausgebrütet von der Konzentration gesellschaftlicher Macht, sondern zufällig wie Unglücksfälle und Verbrechen."[498] Es kann aber nicht darum gehen, zu untersuchen, inwieweit Ui der realen Figur Hitlers entspricht – und alle Schandtaten des Nationalsozialismus somit fotografisch wiedergegeben werden, sondern „was Brecht an der Figur, in dem er sie so und nicht anders zeigt, demonstieren will."[499] Es führt zu weit, zu sagen, dass Brecht statt ein Hitler-Bild zu zeichnen nur falsche Entwürfe eines solchen aufzeigt,[500] denn Brecht will sicherlich beides. Dies stets mit der Absicht:

> Der Lump im kleinen darf nicht, wenn ihm die Herrschenden gestatten, ein Lump im großen zu werden, eine Sonderstellung nicht nur in der Lumperei, sondern auch in unserer Geschichtsbetrachtung bekommen.[501]

Brecht wirbt also für eine ‚Geschichtsschreibung', die nicht versucht, einem Diktator wie Hitler psychologische „Unergründlichkeit zu verleihen, sondern [...] Interesse an ihrer Ergründlichkeit zu erwecken."[502] Daher ist es nicht nötig, dass die Ui-Figur überführt wird, denn sie betreibt bereits stückimmanent „Selbstentlarvung"[503]: „UI *bitter*: [...] Kein Mensch spricht von mir noch. / Die Stadt hat kein Gedächtnis. Ach, kurzlebig / Ist hier der Ruhm. Zwei Monate kein Mord, und / Man ist vergessen."[504] Aus diesem Versuch, „sich dem Faschismus ‚von innen', durch Einfühlung zu nähern, erscheint der Impuls verständlich und wesentlich, der sich gegen ein Berührungstabu richtet."[505] Ui trägt zu diesem Zweck einige Charakterzüge Hitlers. Dazu gehört das auffällige „Oszillieren zwischen

---

497 Gerz: Brechts Arturo Ui, S. 186 f.
498 Adorno: Engagement, S. 119.
499 Thiele: Arturo Ui, S. 57.
500 Ebenda, S. 58.
501 Gerz: Brechts Arturo Ui, S. 129.
502 Brecht: Schriften zum Theater 5. Der Messingkauf, S. 98.
503 Kaufmann: Bertolt Brecht. Das Geschichtsdrama, S. 118.
504 Brecht: Stücke 2, S. 405.
505 Gerz: Brechts Arturo Ui, S. 198.

Selbstmitleid und Brutalität“[506], das Ui selbst ausdrücklich als seine Methodik der Überzeugung artikuliert: „Mit Drohn und Betteln, Werben und Beschimpfen. / Mit sanfter Gewalt und stählerner Umarmung.“[507] Besonders häufig wird auch Hitlers vermeintliche ‚Ehrlichkeit' im Stück thematisiert: zum einen durch die explizite Aufnahme des Themas in zahlreichen Reden Uis[508], zum anderen mit der Aufdeckung des Kontrastes in seinen Handlungen, die sämtliche Versprechen brechen oder auf Uis Weise lösen, z.B. das Versprechen gegenüber Dogsborough, ihn vor der Untersuchung des Dockshilfeskandals zu bewahren. Man kann also von „Hitler entlehnten und mit anderen Mitteln in der Ui-Figur verdichteten Züge[n]“[509] sprechen. Da die Führung Uis „keine wirkliche Legitimation besitzt, muss sie als naturgegebene Notwendigkeit ausgegeben werden.“[510]

Dies widerspricht selbstverständlich der Kritik, Brecht habe Hitler als „Hampelmann“[511] des Großkapitals zeigen wollen. Dieser Verdacht mag sich zunächst zwar in Romas Aufforderung an Ui bestätigen: „Wach auf, Arturo! Siehst du denn nicht, wie sie / Mit dir ihr Spiel treiben?“ Aber abgesehen davon, dass man nicht vergessen darf, dass hier nur der eine Gangster zum anderen spricht, definiert Brecht das „Hampelmännertum“ wie folgt: „[Hitler] ist ein ‚bloßer Schauspieler', der den großen mann ‚nur spielt', der ‚niemand' (‚jeder andere wäre grad so gut'), der ‚mann ohne kern', weil er eben das kleinbürgertum vertritt, das in der politik immer nur spielt.“[512] Damit wird deutlich, dass das ‚Hampelmännertum' keine Verharmlosung darstellt, sondern im Gegenteil gerade das gefährlichste Element des Faschimus, wie Brecht ihn sieht: Wenn die Einmaligkeit des ‚Führers' aufgehoben wird,[513] indem er eben nicht als

506 Gerz: Arturo Ui. Jan Knopf-Handbuch. S. 465. Besonders auffällig ist dies in der Szene 4, in der die Regieanweisungen für Ui abwechseln zwischen „*brüllt*“ und „*weint*“. Siehe: Brecht: Stücke 2, S. 416 f.

507 Brecht: Stücke 2. S. 461.

508 Vgl. z.B. Brecht: Stücke 2, S. 417/ S. 426/ S. 440.

509 Gerz: Brechts Arturo Ui, S. 204.

510 Thiele: Arturo Ui, S. 37.

511 Der Begriff entstammt einer Rezension der „Deutschen Woche“ 1958. In: Gerz: Brechts Arturo Ui, S. 182. Er bezieht sich ursprünglich auf eine Diskussion Brechts mit Feuchtwanger im Februar 1942. In: Brecht: Arbeitsjournal, S. 380.

512 Brecht: Arbeitsjournal, S. 379.

513 „Solche / Wie diesen Ui gibt es jetzt viele schon“, Brecht: Stücke 2. S. 399.

„auswuchs, perversität, humbug, speziell pathologischer fall"[514] hingestellt wird, so ist eine Wiederholung des Nationalsozialimus jeder Zeit wieder möglich. Die „Universalität"[515] der Figur Uis in dieser Abstraktion liegt „genialerweise"[516] im Aufzeigen seiner Unberechenbarkeit: Er „maßt sich nach außen hin an, was er aus sich heraus nicht zu bieten vermag."[517] Sein Weg führt durch die Institutionen und ist somit vermeintlich legal: „Vor Polizei / und Richter muß ich erst geschützt sein, eh / Ich andre schützen kann. `s geht nur von oben."[518] Der kleine Mann, der sich durch Anmaßung nach oben ‚arbeitet' ist vielleicht eine deutliche Verkleinerung der Figur Hitlers, wie sie in Deutschland bis heute wahrgenommen wird, aber genau diese Verkleinerung ist für Brecht ‚realistisch'.

Psychologische Gutachter und weniger kapitalismusfeindliche Geschichtsschreiber mögen das anders sehen, aber auch ihnen sollte es schwer fallen, eine Dramenfigur als Verharmlosung anzusehen, die Duzfreunde mit den Worten erschießen lässt: „Ich werd euch lehren, gegen mich aufzumucken!"[519]

4.2.6.3 Verharmlosung einzelner Charaktere

Neben Hitler ist Brecht am häufigsten die Verzeichnung der Figuren Dogsboroughs, Romas und Dullfeets vorgeworfen worden. Ob diese Anschuldigungen berechtigt sind, soll hier diskutiert werden.
Lindner beschuldigt Brecht, dass die Mitspieler des Hitler-Aufstiegs durch die Figur Dogsboroughs „moralische Opferqualität"[520] erhalten. Dies geschehe durch die Fälschung der Realität, indem man Hindenburg ein reuiges Testament unterstelle. Aber Thiele sieht richtig, dass dieses Testament zwar eine Zäsur darstellt, dass es aber dem Zuschauer nicht mehr verrate, als er ohnehin bereits weiß: „dass der Grund für Dogsboroughs Handeln auch für ihn selbst die Übersteigerung der eigenen öf-

---

514 „Solche / Wie diesen Ui gibt es jetzt viele schon", Brecht: Stücke 2. S. 380.
515 Müller. Funktion der Geschichte, S. 43.
516 Wyss: Brecht in der Kritik, S. 469.
517 Gerz: Arturo Ui. Jan Knopf-Handbuch, S. 233.
518 Brecht: Stücke 2, S. 406.
519 Brecht: Stücke 2, S. 471.
520 Lindner: Arturo Ui, S. 69. / Vgl auch Gerz: Arturo Ui. Jan Knopf-Handbuch, S. 469.

fentlichen Rolle war."[521] Oft genug wird vorher die bloße Schein-Macht des alten Hindenburg thematisiert, z.B. „Der Dogsborough! / Das rostige alte Aushängeschild! Der biedre / Verantwortungsbewusste Händedrücker! / Der unbestechliche wasserdichte Greis!"[522] Diese Worte sind nun keineswegs harmlose Schönredereien, sondern sie zeigen Dogsborough als Mitschuldigen am Aufstieg Uis, denn der Zuschauer weiß, dass der Greis keineswegs unbestechlich ist (siehe Dockshilfeskandal). Die „Ablösung des Wissens [...] durch den Glauben"[523] vollzieht sich in der Abdankung der ‚Alten Rechten' und der Einsetzung Hitlers. Brecht sieht in Hindenburg also keineswegs eine „Institution", sondern „nur ein[en] Namen",[524] der nicht handelt, als es am nötigsten ist.

Zweifellos Recht geben muss man Lindner aber bezüglich der Analyse zu Ignatius Dullfeet:

„Dollfuß war kein demokratischer Antifaschist, sondern ein konservativer Diktator."[525] Es ging ihm nicht „ausschließlich um das Wohl seiner Mitmenschen"[526] und bleibt fraglich, ob Österreich ein wesentlich anderes Schicksal als Deutschland gehabt hätte, wäre er an der Macht geblieben. Brecht braucht den vermeintlichen Gegensatz zu Ui, damit die Handlung funktionieren kann. Die historischen Bezüge geraten eindeutig in den Hintergrund, wenn die Stimme auf Dullfeets Beerdigung sagt: „`s ist als ob der Stadt Gewissen / Gestorben wär."[527] Dullfeet soll als politisches Opfer gezeigt werden und zumindest das gelingt.

Am ausführlichsten diskutiert die Forschung den Vorwurf Lothar Kusches, der Auftritt von Romas Geist sei eine „Glorifizierung des Mannes [... .Es erhalte] ein fetter, versoffener Nazi Märtyrer-Züge."[528] Dieser Umstand ist besonders deshalb interessant, weil Brecht ihm im Nachhinein zugestimmt hat.[529] Zweifellos demonstriert die Szene 11 die „Konfrontation von alter Gangsterromantik, verkörpert in Roma und seinen Mannen, und pragmatischer Machtpolitik, repräsentiert von Givola und

521 Thiele: Arturo Ui, S. 41.
522 Brecht: Stücke 2,S. 411.
523 Thiele: Arturo Ui, S. 41.
524 Brecht: Stücke 2, S. 421.
525 Lindner: Arturo Ui, S. 71.
526 Gerz: Arturo Ui. Jan Knopf-Handbuch, S. 469.
527 Brecht: Stücke 2, S. 480.
528 Gerz: Brechts Arturo Ui, S. 116.
529 Vgl Ebenda, S. 130.

Giri."[530] Dass Ui sich für letzteres entscheidet, holt ihn schließlich in seinen Träumen ein. Aber ist der Geisterauftritt eine Verharmlosung der Vorbildfigur Röhm? Hans-Werner Nieschmidt hat diese Frage verneint und wie folgt begründet: Die Szene betont den „artifiziellen Charakter des Geisterauftritts"[531] (siehe Traumandeutungen und abrupter Abbruch). „Themen und Motive des klassischen Bildungstheaters"[532] („blutige Schatten" oder „Fürchterlicher") werden entlehnt und absichtlich ins Lächerliche gezogen: „Nun stehe ich in zugiger Ewigkeit / Und brüte über deine Schlechtigkeit."[533] Der Ankläger ist selbst ein Meuchelmörder: „ROMA: / Darum mag ich sie. / Von den Nächten die schwärzesten."[534]

Somit fallen alle Anschuldigungen auf den Ankläger selbst zurück. Außerdem wird Hitler erneut als „jämmerlicher Wicht"[535] charakterisiert, der sich vor einem Geist fürchtet. Entscheidend ist auch der artifizielle Charakter, der der Szene durch seine Vorgeschichte zukommt: In der „Ballade vom armen Stabschef" erkennt Nieschmidt das „Modell des Geisterauftritts".[536] Diese hat wiederum ihr Vorbild in der Volksballade „Die schreckliche Brautnacht oder Heinrich und Wilhelmine". Besonders wichtig ist zudem, dass Roma der Einzige ist, der dem „Glaubensangebot Uis blindlings"[537] folgt. Der Geisterauftritt zeigt somit den vermeintlich betrogenen Verbrecher Roma, der Rache nehmen will, weil sein Vertrauen in Ui bitter enttäuscht wurde. Es erweist sich nicht als Verharmlosung, sondern als erneute Selbstentlarvung, wenn der Mörder den Mörder mit den Worten verängstigt: „Der Tag wird kommen, wo sich alle, die / Du niederschlugst, aufrichten, aufstehn alle / Die du noch niederschlagen wirst, Arturo."[538]

---

530 Gerz: Arturo Ui. Jan Knopf-Handbuch, S. 468.

531 Nieschmidt, Hans-Werner: Glorifizierung oder Preisgabe des politischen Gegners? Zum Geisterauftritt in Brechts *Arturo Ui.* In: Seminar. A journal of Germanic Studies. Volume XXI. Nr.1 (1985), S. 221.

532 Ebenda, S. 222.

533 Brecht: Stücke 2, S. 487.

534 Ebenda. S. 468.

535 Nieschmidt: Glorifizierung oder Preisgabe?, S. 223.

536 Ebenda, S. 224.

537 Nieschmidt: Glorifizierung oder Preisgabe?, S. 228.

538 Brecht: Stücke 2, S. 487.

4.2.6.2 Verkleinerung und Verzerrung historischer Ereignisse

Anhand von vier zentralen Handlungseinheiten soll hier diskutiert werden, wozu die Verkleinerungen oder Verzerrungen historischer Ereignisse im Stück dienen. Der Hauptvorwurf ist dabei: „Die Parabel ist zu eng gezogen. Was wir [die westdeutsche Bevölkerung] hinter uns haben und was anderswo noch im Gange ist, das ist unheimlich viel mehr als Schiebertrick und kapitalistische Fehlentwicklung."[539]
Zunächst wird vor allem der Dockshilfeskandal als „verfehlte[r] Mittelpunkt"[540] wahrgenommen. Schneider konstatiert, dass der zugrundeliegende Osthilfeskandal um das Gut Neudeck, das Hindenburg als Schenkung erhalten hatte, mit „Hitlers Ernennung zum Reichskanzler [...] nichts zu tun"[541] habe. Der große Stellenwert des Skandals[542] lässt sich aus den Quellen Brechts begründen:
sowohl das Braunbuch, an dem er selbst mitarbeitet, als auch die Biographie Hindenburgs von Emil Ludwig, setzen hier Schwerpunkte.[543] Außerdem ist die „Pointierung der Machtübernahme auf den Dockshilfeskandal [...] nur verständlich, wenn man Brechts Absicht berücksichtigt, den morschen Rahmen der bürgerlichen Demokratie als Basis für den Aufstieg Hitlers zu skizzieren."[544] Dass dies keine wissenschaftlich fundierte Vorgehensweise ist, steht außer Frage.
Lindner zeigt auf, dass in der Szene 7, die „Uis erstes öffentliches Auftreten vor den Kleinhändlern und die Vorbereitungen zum Speicherbrand zeigt, [...] in grotesker Verkleinerung der Tag von Potsdam (21.3.33) und der Reichstagsbrand (17.2.33) zusammen gezogen"[545] sind. Dies ist erklärbar, da auf der einen Seite die Abdankung der ‚Alten Rechten' in Gestalt Dogsboroughs direkt dokumentiert ist[546], auf der anderen Seite die wichtige Handlung der Brandstiftung hinter dem Bühnengeschehen abläuft. Damit verschiebt sich das inhaltliche Gewicht auf das Ungezeigte, weil Brecht erkennen lässt, dass der kränkliche Dogsborough auch ohne die Gestik des Händeschüttelns längst alle Macht verlo-

539 Gerz: Brechts Arturo Ui, S. 187.
540 Wyss: Brecht in der Kritik, S. 357.
541 Schneider: Atempause, S. 119.
542 Vgl. Brecht: Stücke 2, S. 422.
543 Lindner: Arturo Ui, S. 56.
544 Thiele: Arturo Ui, S. 37.
545 Lindner: Arturo Ui, S. 60.
546 Vgl „Erschütternder Moment! Vater und Sohn!" Brecht: Stücke 2, S. 440.

ren hat, während der Brand für die Etablierung der Gangster durchaus notwendig erscheint.
Interessant ist auch die Verschiebung der Realitäten in der Gerichtsszene des Speicherbrandprozesses. Es fällt auf, dass Brechts Interpretationen von Geschichte nicht nur im Handlungsgeschehen selbst liegen, sondern auch in dessen nachträglicher Untermauerung in den Schrifttafeln: So bezeichnet Brecht den Angeklagten Fish, der diesen sprechenden Namen für sein historisches Vorbild van der Lubbe erhielt, in dieser Szene als „gedopten Arbeislosen"[547]. Die Apathie van der Lubbes sorgte zwar wirklich für Misstrauen unter den Prozessbeobachtern der ausländischen Presse[548], auf den Sachverhalt, dass dieser unter Drogen stand, nimmt aber vor allem wieder das Braunbuch II. Bezug[549].
Dort findet sich auch eine ausführliche Beschreibung der Vernehmung Görings durch Dimitroff,[550] die im Stück durch die Rollen des Anklägers und Giris übernommen wird. Da die Gerichtsszene auf die Straßenszene zurückgeht, sind die Verfremdungen der historischen Ereignisse darin vor allem dem ästhetischen Prinzip geschuldet.
Zuletzt soll uns die Frage beschäftigen, warum Brecht die Fälschung von Dogsboroughs Testament durch Givola als Tatsache hinstellt.[551] Wirklich wurde nach Hindenburgs Tod zunächst nur ein Teil des Testaments veröffentlicht, der Brief an Hitler erst vierzehn Tage später.[552] Diese verdächtige Handhabung hat Brecht dazu veranlasst, einen möglichen Ablauf der Vorgänge zu konstruieren. Außerdem zeigt er, indem „vom Orginal der Schluss und von der Fälschung der Anfang ausgespart werden, [...] dass Wahrheit und Lüge nicht zu unterscheiden sind und faktisch kein Unterschied zwischen den faschistischen Gangstern und ihrer beerbten Vergangenheit besteht."[553]
Der Streit, ob es zulässig ist, Geschichte derart zu verfremden, entspringt und endet bei der Feststellung: „Die geschichtlichen Realitäten waren komplizierter."[554] Das Stück lebt eben gerade von dem „kunsthaften

547 Brecht: Stücke 2, S. 453.
548 Ebenda, S. 743.
549 Pahl-Rugenstein Verlag (Hrsg.): Braunbuch II. Dimitroff contra Göring. Frankfurt am Main 1981, S. 220.
550 Braunbuch II., 250 ff.
551 Vgl. Brecht: Stücke 2, S. 454.
552 Vgl. Lindner: Arturo Ui, S. 64.
553 Thiele: Arturo Ui, S. 42.
554 Mennemeier: Modernes deutsches Drama, S.76.

Mehr"[555] hinter der Parabel. Schließlich handelt es sich auch nicht um eine „Aufdeckung geheimgehaltener Vorgänge, sondern [um] eine provozierende Verhüllung öffentlicher Vorgänge."[556] Brecht betreibt nach seiner Definition Historisierung der Ereignisse. Durch den damit verbundenen Verfremdungseffekt gewinnt „Arturo Ui" aber paradoxerweise genau seine Aktualität: Wenn sich „Betroffenheit" auf den Gesichtern einer Ui-Aufführung in Madrid nach dem Tod Francos zeigt,[557] ist dies „der Beweis: Bertolt Brecht ist tot, aber das Brechtsche Theater lebt!"[558]

Gerade durch die nicht individualisierten und unausgearbeitet wirkenden Hauptcharaktere, die verbunden werden mit einer Geschichte, die ihre „Referenzialität und Bedeutungshaltigkeit von Zeichen"[559] wahrt, gelingt es Brecht, sein Geschichtsbild zu vermitteln. Wenn man ihm dafür im Nachhinein „Hellsichtigkeit"[560] bezüglich seiner Faschismusanalyse bescheinigt, so legitimiert diese ihn zu künstlerischen Freiheiten bei der Gestaltung des historischen Materials im Sinne des Philosophen des Messingkaufes: „[D]aß man im Theater sitzt und nicht vor dem Schlüsselloch, ist doch auch eine Realität! Wie kann es da realistisch sein, das wegzuschminken?"[561]

4.2.6.4 Der Vorwurf des ‚fehlenden Volkes'

Wolfgang Fritz Haug konstatiert, Brecht habe in „Arturo Ui die „Arbeiterklasse weggelassen."[562] Das Volk komme „nicht als handelndes, allenfalls als behandeltes"[563] vor. Kaufmann stellt fest, dass die unteren Schichten in Stücken Brechts häufig nur insoweit vorkommen, „als sie Objekt der herrschenden Gesellschaft, Objekt der Geschichte sind."[564] So ist die Szene 9 tatsächlich die einzige, in der ‚das Volk' in der Rolle der blutüberströmten Frau zu Wort kommt. Die zentralen Aussagen lau-

555 Thiele: Arturo Ui, S. 26.
556 Lindner: Arturo Ui, S. 29.
557 Vgl. Gerz: Arturo Ui. Jan Knopf-Handbuch, S. 472.
558 Gerz: Brechts Arturo Ui, S. 195.
559 Breuer: Theatralität und Gedächtnis, S. 103.
560 Mennemeier/ Trapp: Deutsche Exildramatik, S. 58.
561 Brecht: Schriften zum Theater 5. Der Messingkauf, S. 112.
562 Gerz: Brechts Arturo Ui, S. 204.
563 Ebenda, S. 214.
564 Kaufmann: Bertolt Brecht. Das Geschichtsdrama, S. 108.

ten hier: „Sie schlachten uns [...] / Und alle dulden's!“[565] Das Volk ist nurmehr Opfer – nicht wie Lothar Kusche es gerne gesehen hätte, aktiver Gegenpart zum Faschismus[566]. Doch Walter Maria Guggenheimer bemerkt richtig in einer Rezension von 1959: Es wäre doch amüsant zu überlegen, wie die Kritiker „sich das Auftreten der doch sicher nichtkarikierten Klassenkämpfer inmitten dieses gnadenlos grotesken Kasperltheaters stilistisch vorstellten.“[567] Die Masse, eines der zentralen Phänomene des Nationalsozialismus, wird also nur insofern thematisiert, dass sie angeblich „starke Führung“[568] brauche.

Und während für eine friedliche Gesellschaft geworben wird, indem das ‚Nicht-sondern-Spiel' aus den Worten Uis ertönt, der Mensch sei eben so, er werde nie freiwillig seinen Browning weglegen,[569] wird „der Mund der Wahrheit“[570] durch die Gangster weiter verstopft. Die Moral, die sich zwangsläufig aufdrängt, ist eben genau der Gegensatz zu dem Verhalten der Grünzeughändler Chicagos („Es war gesundes Denken. Wenn man stillhielt“[571]) und anderen Methoden des „unbrauchbaren Widerstands“[572]. Brecht gibt „Handlungsanleitungen aus konkreten Situationen heraus“[573]. Bedenkt man, dass für ihn die Barriere zwischen Publikum und Bühne nicht existierte, dass also jeder Zuschauer zugleich Spieler war[574], ist es falsch, vom fehlenden Volk in „Arturo Ui“ zu sprechen. Denn Brecht weiß, dass er nicht „Metzger und Schaf gleichzeitig darstellen [kann], aber doch den Metzger des Schafes.“[575] Er mag die Rolle des Volkes im Nationalsozialismus verkennen, aber sein Appell an das Publikum ist auch heute noch zeitgemäß und zeigt, dass die „Aufhaltsamkeit der Gangster [...] nicht in der Handlung auf der Bühne, sondern im Parterre des Theaters“[576] liegt:

565 Brecht: Stücke 2, S. 453.
566 Gerz: Brechts Arturo Ui, S. 115.
567 Wyss: Brecht in der Kritik, S. 365.
568 Brecht: Stücke 2, S. 417.
569 Ebenda, S. 438.
570 Ebenda, S. 451.
571 Ebenda, S. 488.
572 Thiele: Arturo Ui, S. 46.
573 Gerz: Brecht und der Faschismus, S. 21.
574 Vgl. Brecht: Schriften, S. 115.
575 Brecht: Schriften zum Theater 5. Der Messingkauf, S. 163.
576 Ernst Schumacher zitiert nach: Goldhahn: Parabelstück Brechts, S. 107.

Ihr aber lernet, wie man sieht, statt stiert / Und handelt, statt zu reden noch und noch. / [...] / Daß keiner uns zu früh da triumphiert - / Der Schoß ist fruchtbar noch, aus dem das kroch![577]

[577] Brecht: Stücke 2, S. 494.

5. Bezug Brechts zur Methodik der Geschichtsschreibung

5.1 In der Moderne

Brechts gesamte Theatertheorie und besonders sein „Arturo Ui" fallen in die Zeit, in der die Geschichtsschreibung die Hochphase des Historismus bereits überwunden hat und besonders durch die Auswirkungen der Weltkriege zu Erkenntnissen hinsichtlich der ‚Entstehung von Wahrheit' gekommen ist. Es gibt daher viele Gemeinsamkeiten zu Nietzsche und Benjamin, wenn sich Brechts Vorgehensweise auch nicht in allen Einzelheiten mit deren Vorstellungen vom Umgang mit Vergangenheit deckt. Dabei bezieht sich Brecht – ähnlich wie der Antihistorismus – ausdrücklich auf alte und aktuelle Modelle der Geschichtswissenschaft, denn „ [l]etztlich rekurrieren Brechts Geschichtsdramen [...] auf ‚bürgerliche' Gedächtnisdiskurse."[578]

Die große Übereinstimmung zu Benjamin liegt in Brechts Verweigerung der Einfühlung. In „Arturo Ui" wird diese ausdrücklich als ‚Einfühlung in den Sieger' gezeigt, nämlich als Propagandainstrument der Faschisten. Die Zuordnung zu den Besiegten ist der wesentliche Unterschied zu Nietzsches Sichtweise: sein Standpunkt ist jener der „starken Persönlichkeit[...]"[579], die die Geschichte deutet. Anders als Brecht fehlt ihm die Erfahrung des Krieges, die diesen erst zum Vorkämpfer für seine Wahrheit werden ließ.

Objektivität wird allerdings von allen dreien als unmögliches Unterfangen angesehen und an ihren Vorreitern Droysen und Ranke scharf kritisiert. Dies geschieht auf der einen Seite durch die Infragestellung der Abbildungsmöglichkeiten von Sprache[580], zum anderen durch die Entwicklung eines Gegenbildes zur Objektivität: für Nietzsche ist das Leben an sich Schein, für Benjamin ist es der Glaube an den historischen Materialismus, der als seine subjektive Wahrheit dient. Brecht selbst hat sein ganzen Leben lang an den Gleichsetzungen von Begriffen und Dingen Kritik geübt – im „Arturo Ui" ist es die Ebene des ‚Großen Stils', die das Auseinanderfallen von Inhalt und Anspruch aufzeigt.

---

578 Breuer: Theatralität und Gedächtnis, S. 109.

579 Nietzsche: Vom Nutzen und Nachtheil der Historie, S. 283.

580 Vgl. bei Nietzsche: Gleichsetzen des Nichtgleichen (S. 10), bei Benjamin: die Verweigerung der Wahrheit vor dem Objektiv der Schrift (S. 13).

Es ist dagegen unwahrscheinlich, dass Brecht sich mit Nietzsches Sicht der Welt als Schein anfreunden könnte. Aber um seine ‚wirkliche Welt' zu zeigen, nutzt Brecht den Schein der Bühne, um die vermeintlichen Wahrheiten anderer anzugreifen. Das beste Beispiel dafür ist ein kleiner V-Effekt wie die Affinität Giris dazu, stets den Hut seines letzten Opfers zu tragen: im Grunde ist er damit auf den ersten Blick ein gut gekleideter Mann, aber die Maskerade legt – statt zu verhüllen – offen, da jeder den Mörder dahinter erkennen kann. Wie für Benjamin ist Brechts Schreibmotivation im Austragen des Klassenkampfes zu sehen. Objektivität ist daher unbrauchbar, die Realität muss so gezeigt werden, dass die vermeintlichen Triebkräfte dahinter sichtbar sind. Deshalb ist die Kapitalismus-Kritik im „Ui" keine Nebensächlichkeit, sondern der entscheidende Blickpunkt auf Brechts Faschismusbild.
Der wichtigste Erkenntnisfortschritt der Moderne ist im Hinblick auf das Schaffen von Macht zu sehen. Nietzsche verweist bereits auf die Orientierung des Wissenschaftlers am Markt[581], der letztlich über die Auslegung der Vergangenheit entscheidet. Benjamins Erfahrungen lassen ihn die Sprache als Konstruktion von Fakten erkennen.[582] Der Konstrukteur wird damit zum Machthaber. In diesem Punkt stimmt Benjamin exakt mit Brechts Bild vom deutschen Nationalsozialismus überein[583]: So wird in der Gerichtsszene gezeigt, wie die Faschisten ‚Wahrheiten' manipulieren, und es wird durch die Szene 6 ausdrücklich vor allen gewarnt, die sich durch schauspielerisches Können des Volkes bemächtigen wollen, da ihre Sprache sie dazu zu legitimieren scheint. Auch der Umkehrschluss, nämlich die Macht der Sprache für die eigenen Bedürfnisse zu nutzen, wird natürlich von Brecht gezogen. Deshalb ist sein ‚Realismus' eben keine fotografische Abbildung, sondern eine marxistische Ausdeutung der Wirklichkeit.
Einig sind sich alle drei Theoretiker darin, dass Geschichtsschreibung (und diese soll hier Geschichtsdramatik einschließen) den aktuellen Bezug zur Gegenwart braucht.
Brechts Praxis, seine Stücke stets zu überarbeiten, ist an „Arturo Ui" nun weniger praktiziert worden, aber auch dieses Stück ist auf Umdeutungen aus der politisch aktuellen Situation angelegt. So sind die Inszenierungs-

---

581 Vgl. Nietzsche: Vom Nutzen und Nachtheil der Historie, S. 300.
582 Benjamin: Einbahnstraße, S. 7.
583 Nietzsche sah die Sprache ebenfalls als ‚Werkzeug' der nicht-physischen Gewaltanwendung. Vgl. Breuer: Theatralität und Gedächtnis, S. 105.

unterschiede in Ost und West während der Phase des Kalten Krieges ein interessantes Beispiel für grenzwärtige Auslegungen[584] von Brechts Aussageintention. Grundsätzlich war Brecht jedoch an der Aktualisierung des Stoffes gelegen, denn er sieht die Darstellung von Geschichte ebenso wie Benjamin als „Tigersprung“[585] in die Vergangenheit an, so dass jede Deutung den Ewigkeitsanspruch, den Ranke noch proklamiert, verliert. Seine Handlungsanleitungen für das Publikum beziehen sich daher immer auf die Zukunft, die auch Nietzsche dem Geschichtsschreiber rät, mitaufzubauen.[586] Die Gesellschaftskritik setzt da ein, wo selbst das Publikum mit den Worten begrüßt wird:

> Geehrtes Publikum der Direktion ist bekannt / Es gibt den oder jenen heiklen Gegenstand / An den ein gewisser zahlender Teil des geehrten / Publikums nicht wünscht erinnert zu werden.[587]

Nietzsche und Benjamin wären erfreut über einen solchen Umgang mit Geschichte, der „[n]icht alle Premierengäste klatsch[...]en“[588] lässt.

5.2 In der Postmoderne

Brecht selbst wäre der letzte gewesen, der sein Modell der Geschichtsauffassung als ewig und unanfechtbar angesehen hätte. So griff er in gewisser Weise den Entwicklungen der Postmoderne voraus, wenn er meinte: „Die Methoden verbrauchen sich, die Reize versagen. Neue Probleme tauchen auf und erfordern neue Mittel. Es verändert sich die Wirklichkeit; um sie darzustellen, muß die Darstellungsart sich ändern.“[589]

Zunächst soll deshalb überlegt werden, welche Überlegungen der Postmoderne über Brecht hinausweisen oder ob womöglich bereits unfreiwillige Ansätze zum Weiterdenken der Geschichte speziell in Brechts Theorie oder im „Arturo Ui“ bestehen. Dies geschieht anhand der Methodologien von Foucault und Derrida:

---

584 Vgl. z.B. die Gleichsetzung von Arturo Ui und Franz Josef Strauß in einer Rezension Lothar Kusches aus dem Jahre 1959: Gerz: Brechts Arturo Ui, S. 188.

585 Benjamin: Begriff der Geschichte, S. 701.

586 Nietzsche: Nutzen und Nachtheil, S. 52.

587 Brecht: Stücke 2, S. 391.

588 Gerz: Brechts Arturo Ui.,S. 185.

589 Brecht: Schriften, S. 326.

Eine entscheidende Trennungslinie zwischen Brecht und den Denkern der Postmoderne ist der Erkenntnisglaube, den der Dramatiker sich aus den Ansichten der Aufklärung erhalten hatte. Dagegen steht Foucaults Annahme, dass Sprache sich stets nur auf Sprache bezieht und somit ein zweiter Diskurs über den Diskurs notwendig ist. Außerdem ist die angenommene Unterdrückung alles Abnormalen[590] ein Beweis dafür, dass Erkenntnis stets partiell sein muss. Man könnte allerdings anmerken, dass Brechts Ansatz zur Sprache der Faschisten durchaus einer Metageschichte gleicht und damit auch einem Diskurs über dem Diskurs gleichkäme. Anders verhält sich dies jedoch bei Derridas Verständnis von Texten: Wenn es kein Text-Äußeres gibt[591], fällt alle Referenz, auf die Brecht nicht nur seine Geschichte aufbaut, sondern die er – in Form der Publikumswirkung – auch als Intention voraussetzt, zwangsläufig weg. Eine Geschichtsschreibung, die von *differánce* gekennzeichnet ist, wäre für Brecht undenkbar, denn seine Inhalte sind unbeweglich und werden von dem Glauben an das marxistische Weltbild getragen. Den Gedanken, dass das Ich nur eine Interpretation des Subjekts ist[592], würde Brecht zwar nie aussprechen, aber seine Sicht auf das Erschaffen von Persönlichkeiten ist relativ ähnlich: Sowohl die stete Erfindung seines eigenen Ichs in Gedichten, als Autorinstanz oder in ironischen Kommentaren als auch die Analyse von der Selbst-Kreierung Uis als ‚großen Mann' ist dahingehend zu werten.

Für die Diskontinuität der Postmoderne finden sich formal zahlreiche Bezüge zu Brecht, inhaltlich ist sie ihm jedoch weit voraus: Die Erzählung der Geschichte lebt laut Foucault von Brüchen und Einschnitten. Genauso baut Brecht seine Parabel auf: die Montagetechnik erlaubt theoretisch Verschiebungen der einzelnen Szenen bei der Inszenierung. Die schnelle Szenenfolge hat zudem etwas Bruchstückhaftes, das bewusst nicht auf ein Gesamtbild ausgerichtet ist.

Brecht hätte sicherlich auch Foucaults Forderung zugestimmt, das Heute immer wieder neu aus der Vergangenheit zu verstehen zu suchen und zu verändern. Der wichtigste Gegensatz findet sich aber in Derridas Vorstellung, dass die Gegenwart eben nicht die Wirkung der Vergangenheit sei.[593] Brechts Geschichte ist „Geschichte des Sinns, die sich herstellt, die

590 Vgl. Foucault: Sexualität und Wissen, S. 172.
591 Vgl. Derrida: Grammatologie, S. 274.
592 Vgl. Kimmerle: Derrida, S. 48.
593 Derrida: Husserls Geometrie, S. 75.

sich entwickelt, die sich vollendet."[594] Ohne die marxistische Stufenlehre ist das Kapitalismusbild in „Arturo Ui" unverständlich und die Erklärung des Faschismus, die Brecht geben will, nicht erkennbar. Die Entwicklung der Welt ist für Brecht deutliche Fortentwicklung des Klassenkampfes. Diese Ansicht lässt inhaltlich keinen Spielraum für diskontinuierliche Sprünge.

Außerdem ist es die Pluralität der Stimmen, die Brechts Drama fehlt. Zwar äußerte Brecht ironisch: „Unvorsichtig gesetzt, ergeben Wörter einen Sinn, und dann muss man einschreiten."[595] Woraus sich schließen lässt, dass sich Brecht sowohl der eigenen Sinnsetzung bewusst war als auch verschiedener Deutungsmöglichkeiten. Aber der ironische Kommentar zeigt zugleich, dass Brecht Sinnsetzung nicht nur als unvermeidbar ansieht, sondern dass er sie will. Wird nach Foucault das Wesen der Dinge gesetzt[596] und gibt es laut Derrida gar nur noch Differenzen und Spuren,[597] so glaubt Brecht, das Wesen der Dinge im Marxismus erkannt zu haben. Die Postmoderne will sich eben genau von den Teleologien und Totalisierungen lossagen, die für Brecht entscheidend sind.

Problematisch ist auch die Wissenschaftsskepsis der beiden Geschichtsphilosophen im Vergleich zu Brechts Glauben an eine marxistische Wissenschaft, die die Gesellschaftsordnung erforschen soll. Der Optimist Brecht könnte sich nie mit Foucaults Aussage anfreunden, dass aller Erkenntnisinstinkt böse ist.[598] Erkenntnis wird von Brecht immer positiv assoziiert – er selbst war schließlich auf der Suche nach Erkenntnis.

Derridas Verständnis von „ideale[r] Objektivität"[599] kommt Brecht von daher nahe, dass er seine Sichtweise als geschichtlich objektiv betrachtet. Entscheidend ist allerdings, dass er diese auch als feststehende Wahrheit sieht und sie keineswegs einer „intersubjektiven Zirkulation"[600] unterwerfen würde. Vielmehr glaubt er, diese Zirkulation habe längst stattgefunden und ihren Erkenntnishöhepunkt in den Werken Marx' und Engels' erreicht.

Die große Gemeinsamkeit, die Brecht mit der Postmoderne verbindet, ist die Überschreitung von Fiktion und Fakten: Wenn Foucault seine ei-

594 Derrida: Positionen, S. 114.
595 Brecht: Schriften, S. 364.
596 Vgl. Foucault: Subversion des Wissens, S. 71.
597 Vgl. Derrida: Positionen, S. 67.
598 Vgl. Foucault: Subversion des Wissens, S. 87.
599 Derrida: Husserls Geometrie, S. 92.
600 Ebenda, S. 85.

gene Historie als „Karneval großen Stils“[601] charakterisiert, fühlt man sich unwillkürlich an Brechts Komödienansatz erinnert. Weder Unterhaltung noch Lehre fehlt heutzutage in Geschichtsschreibungen. Unterhaltung bedeutet aber immer zugleich ein Hinzudichten von wissenschaftlich nicht geforderten Details. Überschreitet Brecht diese Grenzen bereits mit einer gewissen Aussage-Motivation, die ihn seiner Meinung nach zur künstlerischen Gestaltung der Wirklichkeit ermächtigt, so kommt in der Postmoderne der grundsätzliche Glaube daran, dass man Fakten ohne eine gewisse Portion Fiktion überhaupt vermitteln kann, abhanden. Was Brecht also in diesem Punkt bereits praktizierte, wird von Foucault und Derrida letztlich ausformuliert.

---

601 Foucault: Subversion des Wissens, S. 86.

6. Schluss: Hayden Whites Metageschichte angewandt auf „Arturo Ui"

Hayden White vertritt die Position, dass Geschichte ohne Selbstreflexion und Metageschichte nicht geschrieben werden darf. Im Bezug auf Brecht gestaltet sich die Frage schwierig, inwieweit dieser in „Arturo Ui" selbstreflexiv ist. Zwar weisen das Arbeitsjournal und der Anhang die Enstehungsvorgänge und Ziele des Stückes aus, aber sie können nicht als Metageschichte angesehen werden. Vielmehr setzt Brecht die Zustimmung des Lesers zu seiner gesamten Theorie voraus – seine Metageschichte ist die Theorie des Marxismus. Außerdem thematisiert „Arturo Ui" stückimmanent durchaus beabsichtigt Metageschichte. Und zwar geschieht dies durch die Jahrmarktsatmosphäre, die als Rahmenhandlung des Stückes nicht vergessen werden sollte. Der Marktschreier hat die Aufgabe als Verfremdungselement, den Zuschauer genau von der Haltung gegenüber großen historischen Persönlichkeiten zu überzeugen, die er nicht einnimmt: reflektierte Betrachtung aus einer distanzierten Position heraus.[602]

Diese Gemeinsamkeit mit dem Relativisten White soll als Anlass genommen werden, die Plotstrukturen, die White für Geschichtsschreibung entwickelt, einmal auf das Drama Brechts anzuwenden. Vorher sei noch erwähnt, dass die Theorie der beiden weitere Parallelen aufweist, die nicht unbedingt dem fortschrittlichen Denken Brechts zu verdanken sind, sondern trotz der Übereinstimmung jeweils noch im Gesamtkonzept der zwei Autoren gesehen werden müssen:

Zum einen ist es der Autoritätscharakter von Geschichtsschreibung, den beide Autoren betonen. Für White ist ein Hauptmerkmal moderner Metageschichte, sich dessen bewusst zu sein. In „Arturo Ui" soll genau dieses Bewusstsein beim Leser geweckt werden, denn es werden die Schaffer der Wahrheit in ihrem alltäglichen Handeln gezeigt und damit auch die Prozesse der Objektivierung offengelegt. Für das eigene Werk ist sich Brecht dabei stets seiner „Sinnstiftung"[603] als Autor bewusst. Er setzt sie ein, um seine ‚Wahrheit' als Gegenbild zum Nationalsozialismus zu entwerfen.

602 Vgl. dagegen: Brecht: Stücke 2, S. 495 f.

603 White: Auch Klio dichtet, S. 121.

Die vehemente Forderung Whites nach Diskontinuität in der Erzählung[604] bleibt in der letzten Anordnung der Szenen des „Arturo Ui" unverwirklicht. Die Montagetechnik Brechts ließe aber rein theoretisch eine geänderte Reihenfolge der Szenen zu. Ob dies überhaupt sinnvoll wäre vor dem Hintergrund, dass Brecht eine kontinuierliche Entwicklung im Aufstieg Hitlers sieht, ist eine andere Frage. Wenn der Aufstieg aber als aufhaltsam gezeigt werden soll, wäre es durchaus interessant, die einzelnen Szenen durch eine Vertauschung einmal getrennt auf ihr Potenzial an möglichem Einschreiten durch die beteiligten Gruppen zu untersuchen. Dabei kämen allerdings die Handlungsanweisungen an das Publikum, die manchmal auch zwischen den Zeilen liegen und als zentral gelten müssen, zu kurz.

Eine weitere Ähnlichkeit findet sich in den Begriffen Allegorie, der von White für die Geschichtsschreibung verwendet wird, und Analogie, mit dem Gerz Brechts Parabelstil umschreibt. White charakterisiert die Allegorie wie folgt: „Sie *sagt* etwas und *meint* etwas anderes."[605] Genau davor warnt Brecht, wenn er die Reden Hitlers parodiert. Ui spricht zwar beispielsweise stets von Freiheit – meint aber Freiheit in den Grenzen des totalitären Systems der Gangster. Wenn die Gangster für die Nationalsozialisten eingesetzt werden, kommt es dagegen zu einer strukturellen Analogie, in der „Abgebildetes (Sachhälfte) und Abbild (Bildhälfte) zwar aufeinander bezogen bleiben, hinsichtlich ihrer Erscheinungsweisen aber auseinandertreten."[606] Die beiden Begriffe sind also keineswegs identisch, sie deuten allerdings in ihrem verweisenden Charakter auf eine Parallelität hin. Man sieht, dass Whites Konzept zur Analyse der Wissenschaft Geschichte, das aus der Literaturwissenschaft seine Begrifflichkeiten ableitet, auch wieder auf diese anwendbar ist.

So kann für „Arturo Ui" von einer ironischen Trope gesprochen werden. Diese wäre dann kombiniert mit der Plotstruktur der Satire. Das Erklärungsmodell Brechts ist nicht wirklich einheitlich: Man kann in der Verallgemeinerung des deutschen Faschismus ein kontextualistisches Modell sehen, denn im neuen Kontext des Gangstermilieus soll der Leser zu Erkenntnissen über den Spezialfall kommen.

Da aber auch die Ursachen und Wirkungen des Aufstiegs eines Diktators gezeigt werden, die universelle Gültigkeit haben, kann man auch das me-

---

604 Vgl. White: Auch Klio dichtet, S. 62.

605 White: Bedeutung der Form, S. 62.

606 Gerz: Brecht und der Faschismus, S. 43.

chanistische Modell verwirklicht sehen. In jedem Fall tendiert Brechts Drama dazu, von seiner ideologischen Implikation her radikal zu sein, denn es ist auf Revolution ausgerichtet.[607]
Gesteht man allen Texten, die sich mit historischen Ereignissen befassen, einen Erkenntnischarakter zu, so werden auch die Trennlinien zwischen Geschichtswissenschaft und künstlerischer Darstellung aufgeweicht. Unter seinen eigenen Voraussetzungen hätte Brecht sicherlich enthusiastisch auf die Forderungen Whites nach einer Erneuerung der Geschichte als poetisch, wissenschaftlich und philosophisch in einem reagiert.[608] Denn was Brecht wollte, war vor allem Erneuerung und damit Befreiung von dem alten Geschichtsdenken des 19. Jahrhunderts, das seine großen Männer feierte und in den Geschichten der Historiker die vermeintlichen Erklärungen dafür lieferte, warum diese Persönlichkeiten berechtigt waren, Geschichte zu schreiben (!). Die enorme Wichtigkeit jedem Geschichtsschreiber aufzuzeigen, Distanz zu wahren und die Größe von politischen Machthabern kritisch zu hinterfragen, ist das Hauptverdienst des Dramas des „Aufhaltsamen Aufstiegs des Arturo Ui".

---

607 Vgl, Tabelle 1.

608 Vgl. White: Metahistory, S. XII.

Literaturverzeichnis

Adorno, Theodor W.: Engagement. In: Ders.: Noten zur Literatur III. Frankfurt am Main 1965.

Adorno, Theodor W.: Minima moralia. Reflexionen aus dem beschädigten Leben. Frankfurt am Main 1951.

Arendt, Hannah: Walter Benjamin, Bertolt Brecht, Zwei Essays. München 1971.

Bachmann-Medick, Doris: Cultural turns. Neuorientierungen in den Kultur- wissenschaften. Reinbeck bei Hamburg 2006.

Bachmann-Medick, Doris: Einleitung. In: Kultur als Text. Die anthropologische Wende in der Literaturwissenschaft. Hg. v. Bachmann-Medick, Doris. Frankfurt am Main 1996.

Bachmann-Medick, Doris: Kulturelle Spielräume: Drama und Theater im Licht ethnographischer Ritualforschung. In: Kultur als Text. Die anthropologische Wende in der Literaturwissenschaft. Frankfurt am Main 1996.

Baek, Sung Young: Interpretation bei Friedrich Nietzsche. Eine Analyse. Würzburg 1999.

Békési, János: »Denken« der Geschichte. Zum Wandel des Geschichtsbegriffs bei Jacques Derrida. In: Phänomenologische Untersuchungen, Band 7, hg. v. Waldenfels, Bernhard, München 1995.

Benjamin, Walter: Einbahnstraße. Frankfurt am Main 1955.

Benjamin, Walter: Über den Begriff der Geschichte. In: Walter Benjamin. Gesammelte Schriften, 1. Band, hg v. Tiedemann, Rolf/ Schweppenhäuser, Hermann, Frankfurt am Main 1974.

Benjamin, Walter: Versuche über Brecht. Hg. von Tiedemann, Rolf. Frankfurt am Main 1967.

Berg, Günter/ Jeske, Wolfgang: Bertolt Brecht. Stuttgart/ Weimar 1998.

Berger, Peter L./ Luckmann, Thomas: Die gesellschaftliche Konstruktion der Wirklichkeit. Eine Theorie der Wissenssoziologie. Frankfurt am Main 2004.

Bormann, Alexander von: Gegen die Beschädigung des menschlichen Denkvermögens: Brechts antifaschistische Dramen. In: Brechts Dramen · Neue Interpretationen, hg. v. Walter Hinderer, Stuttgart 1984.

Brecht, Bertolt: Arbeitsjournal. Erster Band 1938 bis 1942. Frankfurt am Main 1973.

Brecht, Bertolt: Prosa. In: Bertolt Brecht. Ausgewählte Werke in sechs Bänden. Fünfter Band, Frankfurt am Main 2005.

Brecht, Bertolt: Schriften. In: Bertolt Brecht. Ausgewählte Werke in sechs Bänden. Sechster Band, Frankfurt am Main 2005.

Brecht, Bertolt: Schriften zum Theater 5. 1937 – 1951. Der Messingkauf. Übungsstücke für Schauspieler. Gedichte aus dem Messingkauf. Frankfurt am Main 1963.

Brecht, Bertolt: Stücke 2. In: Bertolt Brecht. Ausgewählte Werke in sechs Bänden. Zweiter Band, Frankfurt am Main 2005.

Breuer, Ingo: Theatralität und Gedächtnis. Deutschsprachiges Geschichtsdrama seit Brecht. In: Kölner Germanistische Studien, Band 5, hg. v. Balmberger, Günter/ Drux, Rudolf / Kleinschmidt, Erich/ Ziegeler, Hans-Joachim, Köln 2004.

Brummack, Jürgen: Satire. In: Reallexikon der deutschen Literaturwissenschaft. Band 3. hg. v. Merker, Paul/ Kohlschmidt, Werner/ Kanzoq, Klaus/ Mohr, Wolfgang, Berlin 1977.

Derrida, Jacques: Die Schrift und die Differenz. Frankfurt am Main 1976.

Derrida, Jacques: Grammatologie. Frankfurt am Main 1974.

Derrida, Jacques: Husserls Weg in die Geschichte am Leitfaden der Geometrie. Ein Kommentar zur Beilage III der »Krisis«. In: Übergänge. Texte und Studien zu Handlung, Sprache und Lebenswelt, Band 17, hg. von Grathoff, Richard/ Waldenfels, Bernhard, München 1987.

Derrida, Jacques: Postionen. Gespräche mit Henri Ronse, Julia Kristeva, Jean-Louis Houdebine, Guy Scarpetta. Hg. von Ronse, Henry. Graz 1986.

Droysen, Gustav: Historik. Vorlesungen über Enzyklopädie und Methodologie der Geschichte. Darmstadt 1971.

Düsing, Wolfgang: Einleitung. Zur Gattung Geschichtsdrama. In: Mainzer Forschungen zu Drama und Theater. Band 19: Aspekte des Geschichtsdramas. Von Aischylos bis Volker Braun. Hg. v. Düsing, Wolfgang. Tübingen/ Basel 1998.

Eagleton, Terry: Die Illusionen der Postmoderne. Ein Essay. Stuttgart/ Weimar 1997.

Eisold, Paul W.: Hitler wie er wirklich war. Entthronung eines Götzen. Dresden 1946.

Foucault, Michel: Archäologie des Wissens. Frankfurt am Main 1981.

Foucault, Michel/ Seitter, Walter: Das Spektrum der Genealogie. Bodenheim o.A.

Foucault, Michel: Die Ordnung der Dinge. Eine Archäologie der Humanwissenschaften. Frankfurt am Main 1971.

Foucault, Michel: Sexualität und Wissen. In: Der Wille zum Wissen. Band 1. Frankfurt am Main 1983.

Foucault, Michel: Von der Subversion des Wissens. Hg. von Walter Seitter. Frankfurt am Main 1987.

Geertz, Clifford: Dichte Beschreibung. Beiträge zum Verstehen kultureller Systeme. Frankfurt am Main 1994.

Gerz, Raimund: Der Aufstieg des Arturo Ui. In: Brecht Handbuch in fünf Bänden, Band 1, hg. v. Jan Knopf, Stuttgart 2001.

Gerz, Raimund: Bertolt Brecht und der Faschismus. In den Parabelstücken Die Rundköpfe und die Spitzköpfe, Der aufhaltsame Aufstieg des Arturo Ui und Turandot oder der Kongreß der Weißwäscher. Rekonstruktion einer Versuchsreihe. Bonn 1983.

Gerz, Raimund: Brechts Aufhaltsamer Aufstieg des Arturo Ui. Frankfurt am Main 1983.

Giese, Peter Christian: Das »Gesellschaftlich-Komische«. Zur Komik und Komödie am Beispiel der Stücke und Bearbeitungen Brechts. Stuttgart 1974.

Goldhahn, Johannes: Das Parabelstück Bertolt Brechts. Als Beitrag zum Kampf gegen den deutschen Faschismus. Dargestellt an den Stücken „Die Rundköpfe und die Spitzköpfe“ und „Der aufhaltsame Aufstieg des Arturo Ui“. In: Wir diskutieren, Heft 7, hg. v. Fritz Zschech, Rudolstadt 1961.

Grimm, Reinhold: Bertolt Brecht. Die Struktur seines Werkes. In: Erlanger Beiträge zur Sprach- und Kunstwissenschaft, Band V, hg. v. der Philologischen Seminare und des Kunstgeschichtlichen Seminars der Universität Erlangen-Nürnberg, Nürnberg 1972.

Heeg, Günther: Das Straßentheater der Nazis und das klassische Drama. Die Geschichte des »kleinen großen Mannes« im Aufhaltsamen Aufstieg des Arturo Ui. In: Ders.: Die Kunst in der Geschichte und die Geschichte im Kunstwerk. Studien zur Genese und Funktion der »Wendung zur Geschichte« in der materialistischen Literaturtheorie und in der literarisch-politischen Praxis antifaschistischer Schriftsteller in den 30er Jahren.Würzburg 1976.

Heeg, Günther: Die Wendung zur Geschichte. Konstitutionsprobleme antifaschistischer Literatur im Exil. Stuttgart 1977.

Hemminger, Andrea: Kritik und Geschichte, Foucault – ein Erbe Kants?. Berlin/ Wien 2004.

Heussi, Karl: Die Krisis des Historismus. Tübingen 1932.

Kaufmann, Hans: Bertolt Brecht. Geschichtsdrama und Parabelstück. In: Germanistische Studien, hg. v. Kaufmann, Hans/ Thalheim, Hans-Günther, Band 2, Berlin 1962.

Kesting, Marianne: Das epische Theater. Zur Struktur des modernen Dramas. Stuttgart 1989.

Kimmerle, Heinz: Jacques Derrida zur Einführung. Hamburg 2000.

Kittler, Friedrich A.: Eine Kulturgeschichte der Kulturwissenschaft. München 2000.

Knopf, Jan: Der aufhaltsame Aufstieg des Arturo Ui. In: Ders.: Brecht-Handbuch. Theater. Eine Ästhetik der Widersprüche. Stuttgart 1980.

Krückeberg, Edzard: Der Begriff des Erzählens im 20. Jahrhundert. Zu den Theorien Benjamins, Adornos, Lukács'. Bonn 1981.

Lindner, Burkhardt: Bertolt Brecht: »Der aufhaltsame Aufstieg des Arturo Ui«. In: Text und Geschichte. Modellanalysen zur deutschen Literatur, Band 6, hg. v. Gert Sautermeister / Jochen Vogt, München 1982.

Lorenz, Chris: Konstruktion der Vergangenheit. Eine Einführung in die Geschichtstheorie. In: Beiträge zur Geschichtskultur, Band 13, hg. v. Jörn Rüsen, Köln 1997.

Mennemeier, Franz Norbert: Antifaschistische Exildramatik (Bertolt Brecht). In: Ders.: Modernes deutsches Drama. Kritiken und Charakteristiken. Band 2: 1933 bis zur Gegenwart. München 1975.

Mennemeier, Franz Norbert/ Trapp, Frithjof: Deutsche Exildramatik 1933 bis 1950. München 1980.

Mommsen, Wolfgang J.: Der perspektivische Charakter historischer Aussagen und das Problem von Parteilichkeit und Objektivität historischer Erkenntnis. In: Beiträge zur Historik. Band 1: Objektivität und Parteilichkeit in der Geschichtswissenschaft. Hg v. Koselleck, Reinhart/ Mommsen, Wolfgang J./ Rüsen, Jörn. München 1977.

Müller, Klaus-Detlef: Das Ei des Kolumbus. Parabel und Modell als Dramenformen bei Brecht ·Dürrenmatt · Frisch ·Walser. In: Beiträge zur Poetik des Dramas, hg. v. Werner Keller, Darmstadt 1976.

Müller, Klaus-Detlef: Die Funktion der Geschichte im Werk Bertolt Brechts. Studien zum Verhältnis von Marxismus und Ästhetik. In: Studien zur Deutschen Literatur, Band 7, hg. v. Brinkmann, Richard/ Sengle, Friedrich/ Ziegler, Klaus, Tübingen 1972.

Nieschmidt, Hans-Werner: Glorifizierung oder Preisgabe des politischen Gegners? Zum Geisterauftritt in Brechts *Arturo Ui*. In: Seminar. A journal of Germanic Studies. Volume XXI. Nr. 1 (1985).Nietzsche, Friedrich. Jenseits von Gut und Böse. Zur Genealogie der Moral. In: Friedrich Nietzsche, Sämtliche Werke. Kritische Studienausgabe. Band 5. Hg. von Colli, Giorgio/ Montinari, Mazzino. München, 1988.

Nietzsche, Friedrich: Über das Pathos der Wahrheit. Über Wahrheit und Lüge im außermoralischen Sinne. Vierte Jahresgabe. Hg. von der Gesellschaft der Freunde des Nietzsche-Archivs. Leipzig 1929.

Nietzsche, Friedrich: Geburt der Tragödie. In: Friedrich Nietzsche. Sämtliche Werke. KSA I. Die Geburt der Tragödie, hg. v. Colli, Giorgio/Montinari, Mazzino. München 1999.

Nietzsche, Friedrich: Unzeitgemäße Betrachtungen. Zweites Stück: Vom Nutzen und Nachtheil der Historie für das Leben. In: Friedrich Nietzsche Sämtliche Werke. KSA I. Die Geburt der Tragödie, hg. v. Colli, Giorgio/Montinari, Mazzino. München 1999.

Pahl-Rugenstein Verlag (Hrsg.): Braunbuch II. Dimitroff contra Göring. Frankfurt am Main 1981.

Patzig, Günther: Das Problem der Objektivität und der Tatsachenbegriff. In: Beiträge zur Historik. Band 1: Objektivität und Parteilichkeit in der Geschichtswissenschaft. Hg v. Koselleck, Reinhart/ Mommsen, Wolfgang J./Rüsen, Jörn. München 1977.

Ranke, Leopold, v.: Geschichten der romanischen und germanischen Völker von 1494 bis 1514. Leipzig 1885.

Ranke, Leopold v.: Über die Epochen der neueren Geschichte. Vorträge dem Könige Maximilian II. von Bayern, im Herbst 1854 zu Berchtesgaden gehalten. Leipzig 1906.

Schlaffer, Heinz: Poesie und Wissen. Die Entstehung des ästhetischen Bewusstseins und der philologischen Erkenntnis. Frankfurt am Main 2005.

Schneider, Peter: Literatur als Widerstand. Am Beispiel Bert Brechts »Arturo Ui«. In: Ders.: Atempause. Versuch, meine Gedanken über Literatur und Kunst zu ordnen. Reinbek bei Hamburg 1977.

Schönert, Jörg: Zum Status und zur disziplinären Reichweite von Narralogie. In: Europäische Geschichtsdarstellungen. Band 6: Geschichtsdarstellung. Medien – Methoden – Strategien, hg. v. Borsò, Vittoria/ Kann, Christoph. Köln 2004.

Schöttker, Detlev: »Von dieser Art Naivität« - Geschichtsdrama und Parabel. In: Ders.: Bertolt Brechts Ästhetik des Naiven. Stuttgart 1989.

Schröder, Jürgen: Geschichtsdramen. Die „deutsche Misere" – von Goethes *Götz* bis Heiner Müllers *Germania*. Eine Vorlesung. In: Stauffenberg Colloquium. Band 33. Tübingen 1994.

Schumacher, Ernst: Es wird bleiben. In: Ders.: Brecht. Theater und Gesellschaft im 20.Jahrhundert. Einundzwanzig Aufsätze. Berlin 1975.

Seliger, Helfried W.: Das Amerikabild Bertolt Brechts. In: Studien zur Germanistik, Anglistik und Komparatistik, Band 21, hg. v. Arnold, Armin/ Haas, Alois M., Bonn 1974.

Sengle, Friedrich: Das deutsche Geschichtsdrama. Geschichte eines literarischen Mythos. Stuttgart 1952.

Simon, Christian: Historiographie. Stuttgart 1996.

Tausch, Harald: Einleitung. In: Literatura, Wissenschaftliche Beiträge zur Moderne und ihrer Geschichte, Band 1: Historismus und Moderne, hg. von Harald Tausch, Würzburg 1996.

Thiele, Dieter: Bertolt Brecht. Der Aufhaltsame Aufstieg des Arturo Ui. In: Grundlagen und Gedanken Drama. Hg. v. Hans-Gert Roloff, Frankfurt am Main 1998.

Thomsen, Frank/ Müller, Hans-Harald/ Kindt, Tom: Ungeheuer Brecht. Eine Biographie seines Werkes. Göttingen 2006.

Wagner, Frank Dietrich: Die Geschichte des Giacomo Ui. In: Ders.: Bertolt Brecht. Kritik des Faschismus. Opladen 1989.

Wagner, Irmgard: Geschichte als Text. Zur Tropologie Hayden Whites. In: Geschichtsdiskurs. Band 1. Grundlagen und Methoden der Historiographiegeschichte, hg. v. Küttler, Wolfgang/ Rüsen, Jörn/ Schulin, Ernst. Frankfurt am Main 1993.

Wekwerth, Manfred: Der aufhaltsame Aufstieg des Arturo Ui. In: Ders.: Schriften. Arbeit mit Brecht. Berlin 1975.

White, Hayden: Auch Klio dichtet oder Die Fiktion des Faktischen. Studien zur Tropologie des historischen Diskurses. In: Sprache und Geschichte, Band 10, hg. v. Koselleck, Reinhart/ Stierle, Karlheinz. Stuttgart 1986.

White, Hayden: Die Bedeutung der Form. Erzählstrukturen in der Geschichtsschreibung. Frankfurt am Main 1990.

White, Hayden: Metahistory. The historical imagination in nineteenth-century Europe. Baltimore 1974.

Wittkowski, Wolfgang: Aktualität der Historizität: Bevormundung des Publikums in Brechts Bearbeitungen. In: Brechts Dramen · Neue Interpretationen, hg. v. Walter Hinderer, Stuttgart 1984.

Wyss, Monika (Hrsg.): Brecht in der Kritik. Rezensionen aller Brecht-Uraufführungen sowie ausgewählter deutsch- und fremdsprachiger Premieren. München 1977.

Žmegač, Victor: Zur Analyse der Moderne und Postmoderne. In: Avantgarde und Postmoderne, Prozesse struktureller und funktioneller Veränderungen, hg. von Fischer-Lichte, Erika/ Schwind, Klaus. Tübingen 1991.
Vietta, Silvio: Die literarische Moderne. Eine problemgeschichtliche Darstellung der deutschsprachigen Literatur von Hölderlin bis Thomas Bernhard. Stuttgart 1992.

Völkner, Peter: Derrida und Husserl. Zur Dekonstruktion einer Philosophie der Präsenz. Wien 1993.

Tabellenverzeichnis

Zeitfracht Medien GmbH
Ferdinand-Jühlke-Straße 7
99095 Erfurt, Deutschland
produktsicherheit@kolibri360.de